PATRICK SANSANO

EN ATTENDANT EMMA

JOURNAL 2023
janvier juin

Journal VI tome 1

26 décembre 2022

Le ciel est gris bleu. Il y a du soleil mais il fait froid. La température du jour, 16 degrés doit être au-dessus des normales saisonnières.

Je suis à la retraite et je regarde la série « NCIS Nouvelle Orléans » sur Paris Première, y appréciant deux comédiens, Scott Bakula, le héros de « Code Quantum », et Lucas Black, qui selon moi ferait un excellent James Bond s'il n'avait le tort d'être américain.

Je ne pense plus à Muriel B. depuis longtemps. Emma l'a remplacée. Je n'ai pas fait de journal depuis 2019, celui que j'avais intitulé « L'année d'Emma Marrone ». Je ne sais pas quel titre portera ce *journal* 2023 qui commence avant l'heure.

J'ai beaucoup écrit sur Wikipédia ces temps-ci. J'ai du temps libre. Je devrais encore être en activité, je n'ai pas souhaité être en retraite. Je n'ai pas eu le choix.

J'écris sur des comédiens. Lucas Black, Simon Dutton, Ian Ogilvy, Roger Moore et des tas d'autres, à partir de livres documentés que je possède. J'en ai trois sur le personnage du Saint de Leslie Charteris. Et beaucoup sur James Bond.

J'écoute aussi de la musique. Pratiquement plus de chansons, en dehors d'Emma et de Patrick Bruel. J'aime la musique de film. Longtemps, je n'ai eu d'oreille que pour Jerry Goldsmith. A présent, j'écoute Miklós Rozsa, Bernard Herrmann, Dimitri Tiomkin, Alfred Newman, Panu Aatio, Georges Delerue et d'autres.

Avant-hier ma fille m'a offert comme cadeau de Noël le cd « La Révolution française », la musique du film de Robert Enrico de 1989 composée par Georges Delerue. Je l'écoute en boucle.

Emma fait parler d'elle car elle est la vedette du film de Stefano Chiantini « Il Ritorno ». Le film est sorti le 15 décembre en Italie et les spectateurs ont eu la surprise de la voir nue dans une scène (enfin, il semble qu'il s'agisse seulement de ses seins). Quand elle a commencé à jouer en tant qu'actrice, je m'attendais à ce que cela arrive un jour ou l'autre. Je mentirais si je disais que cela me déplaît. En fait, je le souhaitais même. Il me faudra attendre la sortie du DVD pour voir ce film, en italien.

J'ai vu Emma en concert deux fois depuis que j'ai cessé d'écrire : le 6 juin 2021 à Vérone et le 23 du même mois à Milan. Cela a été attristé car j'ai perdu ma mère le 8 juin 2021. Emma va chanter le soir de la Saint Sylvestre à Olbio en Sardaigne. Elle a complètement occulté Muriel dans mon esprit.

Difficile de croire que depuis mon *journal* 2019, il y a eu la pandémie, la mort de ma mère, ma retraite avant l'heure, la guerre en Ukraine, et tant d'autres choses.

27 décembre

Ils m'agacent les journalistes de parler de « suspect » en évoquant l'homme qui a tué des kurdes à Paris. Suspect de quoi ? On sait qu'il est l'auteur de la tuerie. Le politiquement correct m'exaspère. A quand les « présumées victimes » ?

Avec l'âge, ma peur de la maladie grandit. La moindre chose dans ce domaine m'indispose. Je m'affole vite. On ne sait pas son bonheur quand on est en bonne santé.

28 décembre

Tandis que je regarde un épisode du « Saint » avec Roger Moore, ma fille m'appelle en soirée. Elle me parle de la généalogie de ma famille. Elle a fait des découvertes qui auraient beaucoup intéressé ma défunte mère.

29 décembre

La Covid 19 refait parler d'elle à cause de la Chine. Sortirons-nous un jour de ce cauchemar ?

La plupart de mes contemporains considèrent normal le fait d'être en bonne santé, voire n'y pensent jamais. En dehors de la Covid que j'ai eu en octobre 2022 et ai vécu comme une grippe, je me pose sans doute trop de questions sur l'état de ma santé, après tout, on n'échappe pas à son destin et certaines choses sont inéluctables. En commençant ce *journal* 2003, je ne suis pas optimiste pour l'avenir. Mais qui en ce domaine peut avoir des certitudes ? A certains signes, je me demande si je suis en forme. L'avenir me le dira.

Linda de Suza est morte hier à 74 ans. Pourquoi la mentionner alors que je ne l'ai jamais appréciée ? J'ai toujours aimé les chanteurs de variétés (pas tous) et ce jusqu'aux années 80. Après, soit dès les années 90 (l'époque où les émissions de variétés ont disparu à la télévision française), je trouve que cela n'a plus d'intérêt. Je ne comprendrai jamais l'engouement du public hexagonal pour Gims, Vitaa et Slimane, Amel Bent, Kendji Girac, Vianney, Grand Corps Malade et d'autres dont je ne connais même pas le nom, et qui ne méritent pas que je les connaisse.

A mon âge, je dois faire très attention aux chutes, j'ai failli encore tomber cette semaine sur un trottoir abîmé à deux pas de chez moi. Ma fille me dit de bien regarder par terre, que les trottoirs sont mal entretenus un peu partout.

J'ai rêvé de Muriel cette nuit. Elle n'a désormais de place que là, je ne regarde plus ses films et séries, je ne me rends plus à Pantin sur sa tombe, je ne pense plus à elle dans la journée. Bizarrement, je rêve rarement d'Emma (ce qui me plairait). Et le plus souvent, je rêve de mon activité professionnelle, comme si j'étais encore salarié.

On me l'a reproché ce *journal*, une femme sur Internet, sur Amazon, déçue d'avoir acheté « L'année d'Emma Marrone », chanteuse qu'elle aime (ce qui est rare pour une française) et n'a pas trouvé ce qu'elle cherchait dans mes écrits. Je plaide non coupable, je ne pouvais deviner qu'Emma avait des admirateurs en France où elle est inconnue. Et puis, il y a eu cette femme que j'ai rencontrée, une mégère, qui a obtenu mon nom par une pirouette malhonnête alors que moi j'ignorais son identité et fait une véritable enquête de police sur mon compte. Elle m'a trouvé impudique. Elle ne supportait pas un homme qui fantasme sur Lara Fabian entre autres. C'était en janvier 2022. Elle m'a fait peur. Habituellement, je n'intéresse personne ou presque, et là ce fut pour faire mon procès. Une veuve de 67 ans potentielle compagne mais venue à un rendez-vous pour me dire ce qu'elle croyait être mes quatre vérités. J'ai été trop gentil, trop patient, de l'écouter une heure durant. J'aurais dû décamper, l'envoyer au diable.

Je publierai ce *journal* en janvier 2024 chez Books on Demand. Je choisirai un titre qui ne trompe pas le lecteur.

Cruas, 30 décembre

Je suis au cinéma « le ciné Cruas » avec mon petit-fils Lohan. C'est notre sixième film commun. Il s'agit d'un dessin animé, « Le chat potté 2 : La dernière quête » qui pourrait être très agréable si ce n'était l'accent hispanique du héros félin qui à mes oreilles sonne faux. Ce personnage appelé « Potté » provient, me précise ma fille, du dessin animé « Shrek ». J'ai eu du mal à trouver le cinéma dans cette petite ville (on pourrait presque parler de village). Il s'agit en fait d'une salle se trouvant à la mairie. Je n'ai pas mis mon GPS pour trouver l'endroit, et Lohan me le reproche. Le seul passant rencontré et sollicité par moi pour savoir où se trouve la salle de cinéma « n'est pas d'ici ».

Durant, la séance, au bout d'une heure, je suis obligé de soulager ma vessie. Je cherche les toilettes. Elles se trouvent derrière la caisse qui a été désertée. Je suis inquiet à tort ou à raison de ces moments qui me font craindre un problème de prostate.

Rochemaure, 31 décembre

J'ai encore fait un cauchemar dans lequel j'étais toujours en activité. Mon ancien lieu de travail m'obsède. Je me réveille perturbé.

Je garde Lohan, ma fille se rend au Mont Ventoux avec Benoît, son mari, dont elle vit séparée, à une fête automobile qui a lieu tous les ans le 31 décembre. Nous passons une agréable journée avec mon petit-fils, je l'occupe, nous jouons. Lohan a huit ans et pour lui, le distraire une journée n'est pas compliqué. Ma fille revient vers 17h30 avec Benoît. Nous faisons un réveillon à la bonne franquette et nous couchons à minuit moins le quart. Ma fille et mon gendre sont malades, ma fille a une laryngite et bronchite et depuis mardi, le médecin l'a mise sous cortisone. La maladie et le manque de sommeil, Lohan qui ne dort pas, l'ont mise à bout de patience. Elle a un moment d'agacement vite oublié. Malgré sa bronchite, ma fille nous a occupé Benoît, Lohan et moi avec des jeux qu'elle a préparés et quelques petits fours.

Valence, 1er janvier 2023

Me voilà rentré chez moi. Je n'ai pas été seul pour le réveillon. J'ai encore fait un cauchemar cette nuit, le deuxième en deux jours consécutifs. J'étais toujours salarié chez mon employeur et dans ce rêve absurde je voulais organiser un concert de Gigliola Cinquetti. Or, des collègues de travail hostiles m'avaient précédé. Je me suis réveillé sonné. Dans ce cauchemar, je me demandais comment j'allais gérer un concert, payer le cachet d'une artiste qui allait chanter à l'invitation d'autres. Il ne pouvait y avoir deux publics, deux cachets à payer à la chanteuse ni deux concerts simultanés. Un imbroglio digne des plus mauvais songes.

Quant à Emma, qui a chanté hier soir en Sardaigne, je viens de regarder sur Internet et on ne trouve aucune vidéo que des fans avec leur téléphone portable aurait faite et mise en ligne.

Malgré moi, mes cauchemars ont construit un monde qui est pire que la vie que je mène. Une existence dans laquelle la plupart de mes peurs ne sont pas fondées. Je crains la maladie et le manque d'argent.

Ce premier janvier, je suis là seul sur mon canapé, à écouter un disque. Celui offert par ma fille à Noël. Me vient en mémoire le jour de l'an 1967 à Salon de Provence, chez un oncle et une tante, avec ma mère et ma grand-mère. Nous regardions la télévision pendant le réveillon et je ne sais pourquoi guettions Nana Mouskouri, annoncée au programme, et qui n'est pas venue. C'est mon plus ancien souvenir de jour de l'an.

Quelle curiosité m'a pris de vouloir regarder sur Internet les vœux d'Emmanuel Macron que je n'ai pas vu hier ? Il a beaucoup parlé d'Ukraine, mais fait preuve d'autosatisfaction. Le président croit-il ce qu'il dit ? Je peine à le croire.

Il ne reste que ma fille pour me rassurer, pour chasser mes peurs, pour apprendre à m'en moquer et à en rire. Je lui en suis reconnaissant.

2 janvier

Analyses de sang complètes au petit matin. Le premier bilan complet pour la prostate. Il m'a fallu attendre 17h12 pour avoir des résultats que j'espérais avant 14h00. J'ai poussé un grand ouf, tout va bien.

Une fois de plus, j'ai la preuve que je suis en bonne santé et que mes craintes de ce côté-là ne sont pas fondées.

4 janvier

J'ai voulu prendre rendez-vous avec mon ophtalmologiste ce matin, ainsi qu'il en était convenu après un échange en janvier 2022, mais il n'a aucun créneau disponible. Je n'aurais pas dû attendre si longtemps. Mon dernier contrôle date du 14 octobre 2020. Le praticien a changé, c'était le docteur H., ce sera le docteur G. On m'avait dit de rappeler en janvier 2023, et maintenant de renouveler mon appel la semaine prochaine. Trop reporter certaines échéances finit par m'attirer des problèmes. J'ai donc dû me rendre sur place. J'ai rendez-vous le 13 mars à 9h40. Il faudra que je sois accompagné car je ne serai pas en état de conduire au retour, devant subir un fond de l'œil.

Les divers bilans de santé réguliers reviennent bien trop vite à mon goût. Au cardiologue, je viens de téléphoner pour vérifier si j'ai bien noté le rendez-vous du 23 février, il aura fallu dix minutes d'attente pour que j'ai une confirmation du secrétariat.

Mon aide-ménagère a annulé sa prestation d'aujourd'hui car on a retrouvé sa voiture volée et elle doit se rendre à la fourrière cette après-midi.

Il fait soleil, un beau ciel bleu, et 8 degrés. Je me suis rendu sur la tombe de ma mère et la plante étant fichue, j'en ai acheté et déposé une autre. Une composition de primevères. C'est là que je reçois un SMS du cabinet d'ophtalmologie avec comme heure de rendez-vous 9h00. Il a fallu que je téléphone pour faire rectifier, on me dit que la réceptionniste a tapé trop vite l'heure sans prendre le temps de noter les minutes !

Claire devrait m'accompagner chez l'ophtalmo si elle n'a pas trouvé de travail le 13 mars.

Toute la journée, j'ai dû subir des bruits de perceuse et de marteau provenant du rez- de chaussée, un appartement qui était un bureau de société jamais occupé. J'ai l'impression que mon calvaire n'est pas fini.

5 janvier

Les mauvaises surprises n'arrivent jamais où on les attend. Ce matin, la société d'aide-ménagère m'a prélevé la totalité de ma facture de décembre, je devais la payer avant le 15 janvier. J'avais donné mon RIB à cette société pour que l'URSAFF prélève uniquement la part due sans la déduction du crédit d'impôt. Le directeur de la société, contacté par téléphone, s'excuse et me rembourse, en me précisant que c'est mon lieu de naissance à Alger qui pose un problème à l'URSAFF. On m'a jadis refusé un crédit à la consommation pour un appareil ménager pour ce motif : né à l'étranger, alors qu'en 1959, Alger était un département français. Mais les logiciels informatiques de l'URSAFF comme des organismes de crédit ne connaissent pas les manuels d'histoire.

Je vais devoir je le crains m'habituer aux bruits de perceuse.

6 janvier

Je ne me souviens pas de mes rêves ces temps-ci. Les travaux ont repris à 10h30 ce matin. S'il n'y a pas de bruit ce week-end, je saurai que c'est une entreprise qui intervient, et non un particulier.

J'essaie de me réjouir de mes résultats d'analyse de sang. Il fait beau, le ciel est bleu et le soleil est présent. S'il ne faisait pas 12 degrés, on se croirait au printemps ou en été.

Je rêve devant les photos qu'Emma a mise sur son compte Instagram. Elle est en vacances en Toscane, à Chianti Aretino, dans un hôtel de luxe, Le Lappe Relais. Elle y pratique l'équitation, se relaxe, et prend du bon temps. Elle apparaît sur ces photos dans des poses alanguies et sexy.

L'article qui relate ses vacances est sur Internet, sa chambre coûte entre 230 et 300 euros la nuit. Est-elle plus heureuse que moi qui tente de retrouver l'équilibre de mes finances ? Je ne le crois pas. Ma vie est moins compliquée que la sienne. Elle est très affectée par la mort de son père, d'une leucémie, à 66 ans, en septembre dernier.

7 janvier

Encore un rêve de l'entreprise où je travaillais, déjà le troisième depuis le début de l'année. Plus exactement un cauchemar sur le syndicat CGT dont j'ai été évincé, enfin du poste de délégué syndical et de toute responsabilité, en 2018, j'ai dû raconter cela dans mon *journal* de l'époque, « L'année blanche ».
Claire hier m'a dit qu'elle n'appellera pas aujourd'hui, elle part en randonnée avec les enfants.

Les soucis de santé écartés pour l'instant, je voudrais retrouver mon équilibre financier.

L'homme à la perceuse m'a cassé les oreilles depuis ce matin. J'ai scotché sur sa porte le règlement de bruit en copropriété que m'avait envoyé le syndic. Coup de bluff. Il s'est arrêté, il est apparemment reparti chez lui, c'est un propriétaire qui cherche à louer d'après ce que je crois deviner.

8 janvier

Je me lève de plus en plus tard. Mon rêve cette nuit réunissait ma mère, ma grand-mère, mon oncle Emile et sa femme, autour d'une séance de cinéma où l'on projetait le pilote de la série « Les Envahisseurs ». Une série qui a beaucoup marqué mon enfance, mais n'a jamais été projetée dans les salles de cinéma.

Je connais Véronique Jannot depuis ses débuts dans le feuilleton « Le jeune Fabre » en février 1973. Elle me laissait alors indifférent. Il m'aura fallu attendre 2013 pour que je fantasme sur elle, à un moment où sa carrière était presque terminée. Si elle a connu de beaux succès, elle ne fait plus, depuis les années 2010, que des apparitions épisodiques dans des programmes sans intérêt pour moi. Je n'ai pas su déceler chez cette comédienne, parfois chanteuse, un physique de séductrice. Elle est au fond la femme que je rêverais d'avoir à mes côtés. C'est une très belle sexagénaire et beaucoup de celles qui m'ont fait rêver, actrices, chanteuses, ne peuvent en dire autant.

Mon petit-fils Lucas ne manifeste plus l'envie de venir le dimanche, il a des problèmes de santé qui lui causent de la fatigue. C'est bien dommage. Il a dû venir trois fois en 2021, à une époque où je ne tenais plus ce *journal*, et était enchanté de ses visites.

La solitude, il faut que je l'apprivoise, je sens qu'elle va être de plus en plus présente.

Emma m'énervait de vouloir faire des tournées au printemps 2021 alors que la covid était encore là et que ma mère n'allait pas bien. Il semble aujourd'hui qu'elle se consacre davantage à sa carrière d'actrice qu'au chant, elle n'a plus fait d'album depuis octobre 2019. Il n'y aura sans doute pas de tournée en 2023. Cela arrange mes finances mais m'inquiète car je me demande s'il y aura d'autres concerts, d'autres disques, d'autres joies musicales avec elle.

" Le plus important, ce sont les petits soleils de chaque jour. Un sourire, un mot d'encouragement, un échange, un petit plaisir ou un grand, tout ce qui nous rend heureux, joyeux, vivant. Tous les petits soleils qui illuminent nos journées à côté desquels il ne faut surtout pas passer. (Jacques Brel).
Il a raison Jacques Brel. Je me morfonds dans ma solitude ce dimanche, j'aimerais que mon petit-fils soit là.

J'ai été pris de panique je ne sais pourquoi. Libre de mon temps, je ne savais que faire. C'est bien d'être en bonne santé, mais c'est encore mieux d'être heureux.

Ce dimanche ne ressemble pas au bonheur.

9 janvier

A nouveau un rêve, le quatrième, sur mon ancienne entreprise, dans lequel Il fallait planifier ses congés et je devais le faire en fonction de Lucas et Lohan. Je n'ai pas le souvenir que l'on m'ait (dans la vraie vie) privé de prendre des RTT pour voir mes petits-fils.

Je me réveille secoué par le moment de déprime d'hier.

17

J'ai vu hier soir un excellent film, « L'homme qui aimait les femmes » de Truffaut, il date de 1977, je me demande pourquoi je ne l'ai pas vu avant.

J'ai eu ma fille au téléphone, ce qui me donne des forces à chaque fois et me permet de continuer le chemin. Elle m'appelle tous les jours depuis la mort de ma mère. Il faut que je joue la comédie du bonheur avec elle moi à qui la dépression ouvre les bras. Ne pas la lasser. Elle vient de dire qu'elle ne pourrait pas m'appeler demain, avant de me confirmer qu'elle aura un moment. Elle me fait très peur. Il ne faut pas qu'elle lâche ma main.

10 janvier

Ma fille m'a appelé à 9h19, pas longtemps, elle est de mauvaise humeur.

Voilà ce que j'ai envie d'écrire, une citation de Pascal Sevran du 17 octobre 2000, de son livre « Des lendemains de fête ».
« Nous devons pouvoir nous passer de ceux qui décident de se passer de nous. Il faut se préparer à n'avoir besoin de personne, à nous suffire. L'amour ni l'amitié ne se mendient. Prendre les mains qui se tendent, ne pas courir après ceux qui s'en vont ».

11 janvier

Il y a eu un attentat à l'arme blanche à la gare du nord ce matin, six blessés, le carnage a été évité. Visiblement, le ministre de l'intérieur Gérald Darmanin et les médias font tout pour que l'auteur soit un « déséquilibré » et pas un terroriste islamiste.

Hier soir, nous parlions avec Philippe de nos résultats d'analyse de sang en nous disant qu'ils étaient bons et que l'on devait s'en réjouir, car on ne connaît pas ceux qui nous attendent à l'avenir.

Je n'arrivais pas à me lever ce matin, fatigue extrême, pourtant je devais sortir pour faire des courses. Je repousse toujours cela au dernier moment, lorsque le réfrigérateur est vide.

Le ciel est gris et mon moral aussi.

13 janvier

Vu son âge, Scott Bakula ne fera sans doute plus de longs feuilletons. J'ai vu la fin de « NCIS Nouvelle Orléans » qui pour une fois ne se termine pas mal. Un point d'interrogation demeure mais pas sur le sort du héros. Du moins n'ont-ils-pas laissé Bakula, enfin son personnage, dans une situation impossible. Les dernières images nous font penser que son ennemie de toujours, qui est aussi la mère de son fils, va être tuée par la mafia. « NCIS » se termine en mai 2021, en plein covid, et les scénaristes n'ont sans doute pas voulu en rajouter dans le drame.

Alors, la septième et dernière saison se termine par le remariage de Pride, alias Bakula.

Je me suis rendu sur la tombe de ma mère ce matin, j'ai arrosé les fleurs, il faisait beau temps. Je ne sais plus dire de prières, je ne suis plus croyant, je lui ai parlé.

Pour l'heure, la situation de ma fille m'inquiète plus que la mienne. Elle rebondira, certainement. Il faut attendre que ce « mauvais passage » prenne fin, cela peut être long, interminable.

14 janvier

Emma ne donne plus signe de vie. Sa carrière est-elle en train de marquer le pas ?

Je me régale à regarder en dvd de vieux films et séries, « James Bond », « Le Saint », « NCIS Nouvelle Orléans », des films d'Alfred Hitchcock. Au fond, je vis dans le passé, je n'attends rien de bon de notre époque.

William Stromberg et le Royal Scottish National Orchestra doivent enregistrer (comme prévu) en cette mi-janvier la musique de « L'homme qui en savait trop », partition de Bernard Herrmann pour le film d'Hitchcock. Dire qu'il faut attendre le mois de juin pour la sortie du cd. Dans le meilleur des cas.

Je n'achète plus beaucoup de disques mais ceux que je choisis sont indispensables, ils régalent mes oreilles.

En 2021, j'ai constaté la disparition de plusieurs DVD, un vol. Ma fille m'a racheté à un prix élevé « Meurtre au 43e étage ». Aujourd'hui, je voulais regarder « L'homme qui en savait trop », que je n'ai pas dû revoir depuis très longtemps, et il est introuvable. Je dois en recommander un, d'occasion, sur Rakuten, à 90 centimes, plus le port. C'est sans doute anodin mais cela me fait enrager.

Ce soir, je me passe un autre film d'Hitchcock, « Le rideau déchiré ». J'ai envie de revoir certains de ses films, pas tous.

Ma fille au téléphone, durant quarante minutes, m'a parlé de ma mère. On n'a pas retrouvé ses bijoux, son alliance, et une bague qu'elle lui avait offerte avec les noms de mes petits-enfants. Elle estime à raison que cela n'a pas de prix, et pense que le vol sans doute a eu lieu lorsque des auxiliaires de vie « extras » ont remplacé au dernier moment les personnes prévues pour garder ma mère tandis que je me rendais au concert d'Emma à Vérone. Bien sûr, tout cela est bien plus grave que quelques dvd que l'on m'a volé. « Hitchcock ? me dit-elle, mais c'est vraiment toujours le même genre de films que l'on t'a volé, des films qui font peur ».

Elle ne pense pas que la voleuse soit C… Une jeune aide-ménagère que j'ai parfois laissée seule avec ma mère,

« Elle n'allait pas au salon, et puis on ne peut dissimuler tant de choses dans un sac à main ». Ma fille a sans doute vu juste. Elle raisonne sans passion, avec du recul, en pesant ses mots.

15 janvier

Il y a des années, S…, une aide-ménagère de ma mère, avait fait remarquer qu'une voisine fermait sa porte lorsqu'elle était sur le point de sortir de chez elle, par désir de ne rencontrer personne. Ce dimanche matin, revenant d'une course, j'ai failli croiser la voisine, elle a couru s'enfermer dans son appartement. Un jour, cette dame était venue solliciter mon aide pour une fuite d'eau à la cave ; ma porte lui sera fermée désormais. Elle n'est ni bête, ni méchante, elle est sauvage.

J'aime ma tranquillité, mais je n'en suis pas au stade de fuir pour éviter un bonjour, un sourire de politesse. « La misanthropie n'est pas un défaut, c'est une précaution » écrivait Pascal Sevran le 6 novembre 2002 dans son *journal* « Lentement, place de l'église ». Mais à trop prendre de précautions, à tomber dans l'excès, on devient détestable.

16 janvier

Long coup de téléphone hier soir de ma fille (1h14). Ce n'est pas son journal intime et je m'abstiendrai de commentaires. Depuis la mort de ma mère, nous nous sommes rapprochés. Le reste ne regarde que nous. J'ai interrompu et remis le dvd du soir, « Complot de famille », le dernier film d'Alfred Hitchcock, de 1976, le seul que j'ai vu au cinéma. Le film m'a paru long, je ne l'ai pas vu souvent. Je me suis couché tard, mais je n'aime pas voir les films en deux fois.

J'ai oublié de dire que depuis vendredi, le voisin a terminé ses travaux. Il a mis un mot au tableau de l'entrée de l'immeuble, s'excusant pour le bruit, et précisant que cela finirait le vendredi 13.

Gina Lollobrigida a rejoint les anges, c'était la nouvelle de fin du journal télévisé de 13h00. Je l'ai souvent vue dans le film « Les sultans » avec Muriel Baptiste.

Je craignais la séance chez la podologue qui m'a fait mal en fin d'année, mais tout s'est bien passé.

Emma publie ce jour de nouvelles photos d'elle sur son compte Instagram. Tu es à croquer, chère Emmanuela Marrone, habillée par Jonathan Anderson et Simone Gammino, coiffée par Andrea Missiti. Ton regard malicieux et sensuel me donne des idées, tes lèvres sont maquillées d'un rouge vif. Ta veste est sans doute d'un grand couturier mais cache trop tes formes. Sur le site internet que je te dédie depuis trois ans (https://www.emma-marrone-fanblog.com/), j'ai mis des photos où l'on voit tes genoux. Tu m'ensorcelles. Quand tu croises tes jambes nues, assise comme une reine, des pensées polissonnes me viennent : tu me punis, me couches en travers de tes genoux, me dénude et me donne une fessée car je n'ai pas été sage. Je ne me défendrai pas.

17 janvier

Hier, n'ayant pas de nouvelles de ma fille, je lui envoyé un SMS à 23h09. Mon plus jeune petit-fils, Lohan, est malade.

Je me réveille ce matin de méchante humeur, j'ai trop dormi, encore fait des cauchemars. Il y a des jours où l'on ferait mieux de rester couché.

J'ai parfois l'impression que le moindre moment de joie et de quiétude est vite gâché par des tracas. La vie me reprend ce qu'elle vient juste de me donner. Je craignais la séance chez la pédicure après des soins douloureux en fin d'année, tout s'est bien passé. Alors pourquoi cette méchante humeur ce matin ? Hypocondriaque, mes rendez-vous chez le cardiologue (23 février) et surtout chez l'ophtalmologiste (13 mars) me causent de l'inquiétude sans doute injustifiée. Quand ce sera passé, d'autres choses nourriront mon anxiété. Je suis comme cela.

J'ai vu hier soir « Frenzy », l'avant-dernier film d'Hitchcock, que j'ai trouvé très mauvais. Aucun des DVD de ce metteur en scène vu récemment ne m'a plu.

J'ai mis quelques images d'Emma en concert à la télé, celui de 2016 commencé hier. Tout semble aller de travers ce matin.

Mes cheveux déjà trop longs me font prendre rendez-vous chez le coiffeur à 14h00.

Il fait un temps printanier pour ce mois de janvier que l'on nous annonçait glacial.

J'ai voulu modifier un peu mon site internet, mais je n'y connais rien. C'est un vrai site, pas un blog, qui m'a été fait en 2020 avec mon budget de formation pendant la pandémie. Heureusement, j'ai pu tout rétablir à une date antérieure. B. qui m'avait aidé lors de cette formation (et en fait a conçu tout le site où je me contente de poster des articles comme sur un blog) m'avait dit que j'avais trop de lacunes en informatique pour créer et gérer un site. Il a le mérite d'exister, je paie tous les ans une cotisation. Je ne crois pas qu'il y ait beaucoup de gens que cela intéresse, les Italiens s'informent sur Facebook dans les groupes sur Emma, les Français ne la connaissent pas.

Ma fille me rappelle, Lohan a une gastro-entérite. Elle me conseille de m'occuper pendant les soldes de l'achat d'un climatiseur pour cet été.

Samedi à 15h30, je vais prendre le café chez Pierre B., qui m'a déjà invité deux fois à l'automne. Il fait partie de AVF (Accueil des Villes Françaises) dont je suis membre.

Ce soir, enfin un bon film d'Alfred Hitchcock, « La maison du docteur Edwardes ». Ce ne sont ni Ingrid Bergman ni Gregory Peck que je retiens de prime abord mais ce cher Miklos Rozsa. Quels thèmes fabuleux, quel compositeur ! Dire qu'Hitchcock a trouvé sa musique « sirupeuse », c'est tellement beau à l'oreille ! Rozsa, c'est Barry, Morricone, Goldsmith, De Roubaix avant l'heure. Les thèmes vous accrochent dès la première écoute, au point que vous oubliez le film. Je suis sûr qu'ils se sont tous inspirés de lui, il avait tout compris, avant tout le monde. Il a eu un Oscar pour cette musique, Hitchcock devait être jaloux pour ne pas l'aimer.

18 janvier

Je ne rêve pas d'Emma, mais mon cerveau pourrait-il m'épargner de faire des cauchemars et de rêver d'une abominable cousine qui fit condamner ma mère en justice et la poursuivit de sa haine après sa mort en lui refusant il y a deux ans la sépulture qu'elle souhaitait ? Cauchemar absurde puisqu'elle était encore mariée dans le rêve et que je voyais cet homme dont elle est divorcée depuis longtemps.

Des contrariétés aujourd'hui, résolues. Il a fallu démonter des étagères dans une armoire où une conduite d'eaux usées va être remplacée. Avec mon aide-ménagère, nous en sommes venus à bout. Le précédent propriétaire avait tout fixé avec des vis dans tous les sens. Ma santé n'est pas trop bonne aujourd'hui. J'ai dû manger quelque chose que ne digère pas, les cauchemars que je fais n'arrangent rien.

19 janvier

Cinquième cauchemar, comme la dernière fois le 9 janvier, sur mon entreprise dont je suis retraité. Il neige ce matin. La neige est une calamité dans ma ville à chaque fois et pose des problèmes de circulation, de chutes de piéton sur les trottoirs. Or, je dois sortir, j'ai rendez-vous avec mon psy. Je suis inquiet pour ma santé, j'ai mal au ventre. Hier soir, le film d'Hitchcock, « Le crime était presque parfait » que je n'avais pas revu depuis longtemps semblait intéressant mais la fin est trop alambiquée. Le cauchemar m'a mis le moral en berne. L'inquiétude pour ma santé n'arrange rien.

C'est la grève dans toute la France contre le projet de la réforme des retraites.

Avec ma fille, après la mort de ma mère, nous avons fait du vide dans l'appartement, je ne retrouve pas mes bottes, que je mets rarement, en cas de neige ou verglas. Elles ont disparu, ne sont nulle part. Ma fille me dit qu'elle n'en a pas et trouve que je dramatise la situation. Le soleil éblouissant qui a chassé la neige lui donne raison.

20 janvier

Emma est à Paris, elle le dit et le montre sur son compte Instagram, mais a mis un commentaire intraduisible en napolitain. « Nu cazz e frid » ??? Un regard malicieux avec la Seine derrière elle. Je ne doute pas qu'elle ait froid mais je trouve que le béret dont elle s'est coiffée n'est pas du meilleur effet.

21 janvier

Encore un cauchemar où je me trouvais à mon travail. J'en ai parlé le 31 décembre, le 1er janvier, le 7, le 9, le 19, c'est lassant, insupportable. Le sixième cauchemar sur ce thème en moins d'un mois, et combien encore à venir ? Jeudi 19, mon psy m'a donné comme seule explication : « Ils n'ont pas été sympas avec vous ». En parler davantage deviendrait fastidieux.

« Sueurs froides » en DVD hier soir m'a déçu, décidemment, Hitchcock n'est plus ce qu'il était. Avant-hier, « La corde » ne valait guère mieux.
Je savoure ce matin ma santé retrouvée. J'en profite tant qu'il est temps.

Nous étions douze chez Pierre B. à son goûter. Trop nombreux pour participer. Il y avait trois conversations simultanées selon l'endroit où étaient assis les intervenants et je n'ai pas pu suivre cette cacophonie.

22 janvier

Le grand froid est arrivé, moi qui me soucie de canicule et de climatisations mobiles. Pour me réchauffer, j'ai regardé ce jour en vidéo trois concerts d'Emma.

23 janvier

Ma fille m'a appris hier qu'elle a été mordue jeudi aux deux mains par un chat et qu'il est question de l'opérer. Elle ne se plaint jamais et ne dit rien qui puisse m'inquiéter alors qu'on s'appelle tous les jours.
Il fait très froid ce matin et je dois sortir pour des courses. Le reste de la semaine s'annonçant glacial, je sortirai le moins possible.

24 janvier

Je n'aurais pas dû lire le neuvième tome (posthume) du *journal* de Pascal Sevran, il n'aurait jamais dû l'écrire. Autant les huit premiers tomes sont enjoués et passionnants, autant le dernier est mortifère.

Je me plains du froid, il fait six degrés, j'ai honte de constater au journal télévisé qu'en Chine, dans le nord, il fait moins 53 degrés.

Emma a mis une photo de la tour Eiffel sur son compte Instagram. J'étais à Paris avec ma fille et mes petits-fils du 27 au 31 octobre. Nous nous sommes croisés à trois mois près.

25 janvier

Pourquoi suis-je d'humeur troublée ce matin ? Une routine s'est installée dans ma vie. Je ne m'ennuie pas, regarde des DVD, écoute des CD, je lis. Je me lève quand bon me semble. Certes, mes bons résultats d'analyse du 2 janvier me confortent dans le fait qu'étant en bonne santé, je n'ai pas à me plaindre. Je n'ai pas de soucis financiers, il faut faire de cette « routine » mon bonheur. Je chasse la tristesse. Je suis au chaud alors qu'il fait 3 degrés dehors. Je pense que la vie ne m'offrira rien de plus que la tranquillité, mais c'est déjà beaucoup. Tant que j'aurai la santé, ma vie sera un long fleuve tranquille.

26 janvier

Ce jour fut longtemps la fête de ma mère, la sainte Paule. Hier, j'ai appris qu'Emma chanterait en duo au festival de Sanremo le vendredi 10 février, avec un jeune artiste que je ne connais pas. Elle chantera une reprise d'une chanson à succès qui doit dater de la période 1960-2000.

Lohan qui mesure 1.16 mètres à 8 ans a commencé aujourd'hui des injections d'hormones de croissance.

27 janvier

Hier soir, j'ai adoré revoir « L'homme qui en savait trop » avec James Stewart et Doris Day.

Claire, qui ne sera pas opérée des mains, m'a appris ce jour que sa grand-mère maternelle est en fin de vie.

28 janvier

Jeudi 26 avant-hier, le psy m'a donné un antidépresseur qui deux fois de suite hier et ce matin m'a totalement engourdi. Je cesse de prendre ce médicament. Il me prescrira autre chose jeudi.

Il y avait sur France 3 hier soir un documentaire sur Salvatore Adamo qui sort un nouvel album. A 79 ans passés, il continue de sortir régulièrement des albums qui passent inaperçus.

Sur le forum « Underscores », dédié aux musiques de films, les intervenants se plaignent du prix des CD américains et de tout ce qui ne vient pas de l'union européenne. Ils sont hors de prix depuis le 1er juillet 2021 avec une TVA sur le prix et sur les frais d'envoi en plus des frais de douane, et « des frais de gestion ». Un CD que les Américains paient 20 euros coûte le double à l'acheteur français. Je collectionne les CD sans jamais être rassasié. Comme un fumeur qui ne peut se passer de ses cigarettes. Mais obligé de faire des choix drastiques.

Le parti socialiste est en congrès à Marseille. Après le score d'Anne Hidalgo aux présidentielles 2022, 1.75% des suffrages exprimés, les querelles de chefs sont dérisoires et lamentables. Olivier Faure est élu, mais sa victoire est contestée par Nicolas Mayer-Rossignol. Ces gens se rendent-ils compte qu'ils ne représentent plus personne ? Ils sont pathétiques.

29 janvier

Très fatigué ce matin. La journée aurait été morose si je n'avais pas regardé un concert d'Emma et entrepris de mettre de l'ordre dans mes centaines (milliers ?) de vidéos d'elle sur mon ordinateur, les rangeant par catégories : concerts, clips, etc.

J'aurais désormais accès plus facilement à ce que je veux regarder d'elle.

30 janvier

Il est question ce matin de la grève contre la réforme des retraites, qui aura lieu demain.
Mon sommeil est perturbé, soit je dors trop et peine à me lever comme si la journée à venir allait être pesante et ne rien présager de bon, soit comme cette nuit je dors seulement deux heures. (Chose rare ces dernières années). Mon organisme semble avoir besoin de sommeil.

31 janvier

C'est la grève dans tout le pays.

Un jour, on réalise que l'on est seul. On l'est face au temps qui nous reste, face à la mort. On s'illusionne en croyant le contraire. Peut-être devient-on plus fort lorsque l'on est confronté à cette réalité. Il n'y a plus de déceptions à craindre.

La solitude est ma compagne. Je n'ai de comptes à rendre à personne, je suis libre de faire ce que je veux de mes journées. Mon psy m'a mis sous un nouvel antidépresseur. Mais je pense être dans un passage à vide et non une dépression.

On n'est pas dépressif quand on craint les examens médicaux, on s'inquiète de sa santé, de son poids, de ses finances. Il faut profiter de l'instant présent, je ne sais pas de quoi demain sera fait.

Je n'ai pas de compagne, mais je suis plus amoureux d'une idée de l'amour que de la réalité. J'ai vécu en couple et n'étais pas heureux. Je m'arrangerai avec ma solitude.

La télévision est parfois bêtement anxiogène : à quoi sert cette pub si je puis la qualifier ainsi « Une personne sur deux sera atteinte d'un cancer », où l'on voit une femme apprendre la nouvelle, subir les traitements ? A nous faire peur davantage ?

1er février

Les courses sont une véritable corvée pour moi. Il fallait les faire ce matin. Le sommeil devient problématique : couché à 23h00, je me suis réveillé à 4h30, et j'ai somnolé jusqu'au matin. Je suis incapable de dire si j'ai dormi à nouveau, il me semble que non. Le temps est devenu moins froid. Il fait huit degrés, mais il y a du vent. Je m'efforce de penser à des choses gaies.

2 février

J'ai beaucoup de mal à me lever le matin. Il fait froid.

3 février

Il n'y a pas de soldes sur les climatisations mobiles. Il faut attendre la mi-mai pour en acheter une. D'après ce que le vendeur de Darty m'a dit, j'ai compris que les modèles évoluent d'années en années un peu comme les smartphones et sont très vite dépassés.

Sur Facebook, j'apprends la mort de Louis Velle à 96 ans.

4 février

Je me suis beaucoup amusé en revoyant le divertissant film de Jean Yanne « Deux heures moins le quart avant Jésus-Christ », vu à sa sortie et sans doute revu lors d'une diffusion à la télévision il y a longtemps.

Le nouvel antidépresseur, l'Effexor, présente plus d'inconvénients que d'avantages, provoquant une somnolence trop importante. Il guérit de l'anxiété mais a des effets secondaires. Je décide de m'en passer.

5 février

Hier, j'ai revu avec plaisir « Mille milliards de dollars » avec Patrick Dewaere. Un film que j'ai découvert en 1982 à sa sortie en salles. J'ai étrangement attendu 2014 pour l'acheter en DVD. C'est vraiment du très bon cinéma, comme on n'en fait plus. Je le revois régulièrement sans me lasser, je le considère comme un film culte.

Je déplore qu'il n'y ait pas beaucoup de films que j'aime revoir à l'infini. Je n'ai pas ce problème avec les CD. Cindy, une amie texane, m'a envoyé à Noël un bon d'achat de

25 dollars sur Amazon, et j'ai pu m'offrir la musique de « Robin des bois » de 1938 avec Errol Flynn, qui sera ma première bande originale signée Erich Korngold. Avec ma passion pour les musiques de films, j'ai devant moi la perspective d'une collection inépuisable, alors que je peine à trouver des films passionnants.

Les Etats-Unis ont abattu le ballon espion de la Chine. Avec la guerre en Ukraine, les tensions internationales ne cessent pas. Les journaux télévisés parlent de « crise majeure ». Pékin se réserve le droit de répliquer. Allons bon !

6 février

Je me demande si je ne connais pas déjà tous les films qui me passionnent. Vouloir trouver d'autres films extraordinaires semble vain. Enormément de films, que je serais tenté d'acquérir, ne sont plus disponibles en DVD, ou alors à des prix prohibitifs. Les éditeurs de DVD ne peuvent ou n'ont pas le désir de garder à leur catalogue de bons vieux films.

Dans les années 70-80, j'allais au cinéma très souvent, parfois plusieurs fois la même semaine. Le cinéma d'aujourd'hui ne m'intéresse plus. Trop de films avec des effets spéciaux et un scénario creux, trop de comédies navrantes avec des acteurs pas drôles. Même les James Bond sont devenus mauvais, semblables à tous les films américains, violents et caricaturaux.

Lorsque je me rends dans les magasins qui vendent des DVD d'occasion, il n'y a que des films récents, moches, tous semblables, du genre de ceux que les salles de cinéma proposent aujourd'hui. Le public a perdu le goût des bons films.

7 février

J'ai fait deux cauchemars cette nuit : le premier sur mon cousin germain avec lequel je suis fâché depuis 2014. Je squattais sa villa en son absence avec ma mère (vivante dans le rêve) et il revenait à l'improviste avec son épouse. Pas de commentaires. Le deuxième cauchemar que j'ai enchaîné se déroulait sur mon lieu de travail (décidément !) où je découvrais une nouvelle pandémie post covid. Dans ce cauchemar, je retrouvais un ancien supérieur hiérarchique, Paul C., promu directeur très loin d'ici, en Touraine, en 2015. Je pense qu'il est à la retraite. C'est le septième cauchemar sur ce thème depuis le 31 décembre.

Je me suis régalé hier avec « Jean de Florette » que j'avais vu à sa sortie avec mon ex-femme. Auteuil, Montand et Depardieu sont prodigieux. D'habitude, je n'aime pas beaucoup Gérard Depardieu, mais dans ce film, il m'a ému en Jean Cadoret. Pagnol a écrit un drame sur le genre humain qui peut, par avidité, commettre des horreurs. En cela, « Jean de Florette » est toujours d'actualité, hélas, et le sera éternellement. Aujourd'hui, j'ai vu la suite « Manon des sources » où cette-fois, je décerne la palme de l'émotion à Yves Montand.

J'ai trouvé porte close à la médiathèque en raison de la grève. Je revenais du cimetière et si j'avais su, je ne me serais pas hâté. Le vent a cessé et il fait un beau soleil et un ciel d'azur, avec neuf degrés de température. C'est tout à fait supportable. Des maghrébins qui voulaient entrer à la médiathèque ont pesté contre « les français qui ne veulent pas travailler ». Sans commentaire !

Le festival de Sanremo commence ce soir, on verra Emma en invitée vendredi. Sur la chaîne Rai Uno, j'apprends que le Président de la République italienne, Sergio Mattarella, sera présent ce soir, une première depuis le début du festival en 1951. Demain, il y aura en invité ce cher Al Bano et jeudi le merveilleux Peppino Di Capri qui l'an dernier avait déclaré vouloir revenir en compétition. Il a choisi la tranquillité et qui le lui reprocherait après avoir été 15 fois en compétition et gagné en 1973 et 1976 ? Gianni Morandi va présenter le festival (avec Amadeus) et chanter hors compétition. L'an dernier, il était 3e. J'ai tous les disques de ces trois chanteurs. J'apprécie d'être retraité pour voir le festival, car certaines années, j'ai dû prendre des congés pour le regarder, les soirées en semaine à partir du mardi finissant tard. Le lecteur qui me connaît devinera que de tous mes chanteurs italiens préférés, c'est Emma vendredi que j'attends le plus.

A vrai dire, ce soir, je n'apprécie que Gianni Morandi. Il présente les artistes en compétition et a chanté quatre chansons, mais aucun candidat du concours de cette première soirée ne m'a séduit. Il y a eu une minute de silence en début de festival en hommage aux victimes du tremblement de terre en Turquie qui a fait 7800 morts hier.

Le scandale se produit en fin de soirée lorsque Blanco, venu chanter sa nouvelle chanson après sa victoire de l'an dernier avec Mahmood, n'a pas réussi à interpréter son titre à la suite d'un problème technique de son et a détruit le décor de fleurs autour de lui. Hué par le public, il a été calmé par Amadeus. S'en rappellera-t-on quand ce *journal* sera publié en janvier prochain ? Il y a eu aussi une polémique au sujet de la tenue transparente d'une présentatrice féministe, Chiara Ferragni, qui est apparue nue (Il s'agit en fait d'une robe représentant son corps nu, ce qui est du pareil au même !). Tout cela sera vite oublié.

Une de mes idoles, Riccardo Fogli, vainqueur de l'édition 1982, est venue chanter avec le groupe I Pooh : J'ai eu du mal à le reconnaître à 75 ans, avec de longs cheveux blancs et ressemblant à Léo Ferré. Riccardo Fogli était à ses débuts membre du groupe « I Pooh », des chanteurs qui ont commencé leur carrière en 1966. Les Pooh n'ont plus de voix et comme beaucoup d'artistes ne savent pas s'arrêter.
La première soirée du festival se termine à 1h40.

8 février

J'ai rêvé cette nuit que je rencontrais le chanteur Charlélie Couture durant une tournée. Il me répondait au sujet d'étapes de sa carrière.

Ce matin, à peine levé, je regarde Rai Uno et on ne parle que du scandale provoqué par Blanco (19 ans), qui a donné un mauvais exemple à la jeunesse.

Je constate tant à la télévision que sur les réseaux sociaux que des chanteurs ont plu alors qu'hier, je n'ai trouvé personne de convaincant. Entre autres Marco Mengoni, Gianluca Grignani, Mara Sattei, Ultimo ont des amateurs.

Emma a fait savoir qu'elle soutenait la cause féministe de la présentatrice Chiara Ferragni qui hier soir a lu une lettre à l'enfant qu'elle était. Nous avons vu une photo d'une très jeune fille, qui était en fait Chiara enfant.

Cette après-midi est consacrée aux coulisses de Sanremo dans une émission de variétés. Al Bano y est présent.

Ce soir, Al Bano a soufflé ses 80 bougies (en avance, il est né le 20 mai 1943) et offert, en trio avec Gianni Morandi et Massimo Ranieri, un long intermède musical, chacun son tour interprétant plusieurs succès de sa carrière. Il y avait aussi Nek et son tube du festival 2015 « Fatti avanti amore » chanté en duo avec Francesco Renga à l'extérieur du théâtre Ariston mais leur version live était assez ratée.

Emma me manque.

Sur Facebook, quelqu'un a mis la photo d'un CD rare d'Ennio Morricone, « Western Music Anthology », sorti en 2013. Il me fait envie, je me mets en quête de le trouver.

9 février

J'ai rêvé de Muriel Baptiste cette nuit. Elle était morte, comme dans la réalité.

Aujourd'hui je dois aller voir le psy et cela m'agace. C'est une perte de temps.

Le festival de Sanremo me fatigue. Il se termine à 1h40 et je me couche en me réveillant six heures plus tard. Ce soir, après le passage de Peppino Di Capri, j'irai dormir. Idem demain après qu'Emma aura chanté.

J'ai trouvé hier soir Giorgia Todrani bien sexy dans sa robe bleue courte qui nous montre ses belles jambes bottées de cuir, mais elle m'a semblé manquer de voix. Et sa chanson n'a rien d'extraordinaire.

De l'avis général, les jeux sont faits et c'est Marco Mengoni qui va gagner le festival.

Peppino Di Capri a pris un coup de froid et il chantera demain (le même soir qu'Emma). Mais ils ne l'ont pas annoncé à temps et je me suis couché à deux heures du matin pour rien. Je me suis ennuyé devant la troisième soirée du festival en dehors d'un court moment où Gianni Morandi a chanté en duo avec un jeune, Sangiovanni, une chansonnette de ses débuts, « Fatti mandare della mamma », qui n'est pas ce qu'il a fait de mieux dans sa carrière.

Demain Claire et Lohan viennent manger, je garde mon petit-fils l'après-midi.

10 février

Je ressens un malaise après ma visite au psy d'hier qui n'a semble-t-il rien cru de ce que je lui disais. Je suis venu avec un sourire en lui disant que tout allait bien mais je ne sais pas mentir, cet homme-là est redoutable, il sait lire en moi, il n'a pas été dupe.

Je me suis réveillé à neuf heures, et me suis préparé pour accueillir ma fille. Les émissions en continu sur la chaîne Rai Uno sur le festival de Sanremo ne parlent pas d'Emma et forment une sorte de suite de séquences sans grand intérêt.

Avec Claire et Lohan, nous avons mangé dans un Macdonald, puis mon petit-fils a voulu jouer au parc de la Marquise, où nous étions allés à l'automne. Il s'y était fait ce jour-là deux copines dont une Lina qu'il espérait retrouver aujourd'hui. Peine perdue. Il n'a voulu jouer avec personne, s'ennuyait, et m'a demandé de rentrer. Au parc, il a été distrait par les allées et venues d'un hélicoptère qui nous survolait (j'ai pensé au début qu'il s'agissait d'un transport de malade à l'hôpital). De retour à mon appartement, nous avons joué ensemble aux petites autos miniatures toute l'après-midi.

Il s'est montré très affectueux et je n'ai pas vu le temps passer.

Ce soir, Peppino di Capri n'était pas en forme, il a juste chanté « Champagne » au piano et semble très fatigué. Il a voulu fredonner une chanson avec laquelle il gagna le festival 1976, « Un grande amore e niente più », mais Gianni Morandi a dû l'aider à la terminer.

Emma vient de passer et elle semble avoir un problème de voix, peut-être une angine ? Belle comme le jour bien sûr, mais on a l'impression soit qu'elle retenait sa voix, soit qu'elle avait mal à la gorge. Je dois dire que je ne l'ai pas trouvée sexy ce soir. Je n'aime pas le maquillage de ses yeux, et sa longue veste noire. Je l'ai connue plus inspirée, choisissant des tenues davantage féminines.

Ceux qui me sont chers sont passés. A 22h00, je pourrais presque aller me coucher.

Je reste pourtant jusqu'à la fin, tout en faisant ce *journal* sur mon ordinateur.
Quand reverrai-je Emma en concert ? Elle me manque de plus en plus. Elle prend trop de temps pour faire son nouvel album.

11 février

Il y a aujourd'hui une émission sur Rai 2 consacrée au festival de Sanremo, prenant le relais de la première chaîne italienne.

En m'immergeant dans les actualités italiennes depuis mardi, j'ai ignoré la nouvelle de l'accident de Pierre Palmade, les victoires de la musique, et je ne sais quoi encore, mais au fond ce qui se passe en France m'indiffère.

Sur la 2e chaîne italienne, il est question du président ukrainien Volodymyr Zelensky qui devait intervenir durant la soirée finale du festival. Il n'y a aucun suspense sur l'identité du vainqueur : Marco Mengoni.

J'ai l'impression qu'Emma, si elle est venue, est intervenue hier pendant que j'étais avec Lohan, télévision éteinte. Si c'est le cas, tant pis. En tout cas, elle ne se montre pas aujourd'hui et elle est peut-être repartie chez elle, ce qu'évidemment je ne souhaite pas.

Ce fut fastidieux ce matin de faire les courses. Ma fille m'a ensuite téléphoné plus d'une heure car elle ne rappellera pas avant lundi, recevant des amis chez elle.

J'ai compris aujourd'hui que j'ai peut-être une perte auditive, car je suis obligé de monter le volume du téléviseur pour entendre correctement. De retour sur la première chaîne, j'espère apercevoir Emma. Une émission commence place Christophe Colomb à Sanremo, « Italia Si ! ».

Après cette émission, il n'y avait rien sur Sanremo avant 17h00, j'ai profité du beau temps pour aller me recueillir au cimetière plus longuement que mardi.
Les émissions sur Sanremo ont repris à 17h00 mais pas d'Emma. On a vu Lazza seul.

Ce soir, finale du festival. Aucun chanteur ne m'intéresse. Pendant que les Depeche Mode en qualité d'invités et Marco Mengoni chantaient, je me suis appliqué à remettre aux murs du couloir d'entrée de mon appartement deux posters d'Emma, celui de « Adesso » et un autre où est écrit sur le maillot moulant sa poitrine généreuse « I Don't Care ». J'avais dû enlever ces posters parce-que cela ne plaisait pas à Catherine B. qui me fut présentée par une agence matrimoniale il y a tout juste un an en février.

La soirée finale de Sanremo se déroule sans ennui mais sans passion.

Quel titre donnerais-je dans un an à ce sixième volume de mon journal ? Une chose est sûre, il faudra qu'il y ait le prénom « Emma » dans le titre. Après « *Journal* 2015 », « *Journal* 2016 », « De Muriel Baptiste à Lara Fabian », « L'année blanche » et « L'année d'Emma Marrone », que trouver d'original ? Je me plais à songer que lorsque je ne serai plus là, ma fille ou mes petits-fils découvriront ces lignes, de 2015 à 2019, de 2023 à je ne sais quand. Pour l'instant, j'opte pour un titre provisoire : « En attendant Emma ».

Jeudi, sur le forum de musique de films « Underscores », il a été annoncé que le label allemand Caldera Records va éditer leur nouveau CD à partir de bandes retrouvées dans une poubelle. Je ne suis pas surpris, celles de John Barry pour le James Bond « Moonraker » sont perdues à jamais. Elles étaient au studio de cinéma français Davout et ont été jetées. Un membre du forum, Darkcat, (je peux le citer puisque c'est un pseudonyme) rappelle que pareille mésaventure a failli arriver aux chansons de Judy Garland retrouvées par hasard dans une poubelle. On ferait mieux d'y mettre les enregistrements de rap !

Ce dernier soir de festival, Gianni Morandi rend hommage à son ami Lucio Dalla en chantant quelques titres de lui.

Il y avait deux CD dans ma boîte aux lettres ce matin. Celui offert avec la carte cadeau de Cindy, amie texane, pour Noël : Une musique de 1938 pour « Robin des bois » (j'en ai parlé le 5 février), l'autre un double CD d'Ennio Morricone « Western Music Anthology ». Il est rare : je l'ai commandé le 8 février et l'ai vite reçu. En dehors d'Emma, mon plaisir musical, ce sont les musiques de films, rares si possible en raison de mon esprit de collectionneur.

Mon Dieu, quelqu'un pourrait-il dire à Ornella Vanoni, 88 ans, qu'il est temps de prendre sa retraite ? Venue en invitée, elle n'est plus en état de chanter. Ce n'est pas un manque de charité de ma part. Elle devrait comprendre, on devrait lui dire, lui conseiller, qu'un jour, on ne peut plus chanter. C'est inaudible, elle offre un spectacle bien triste, mais personne ne l'oblige à continuer à chanter en public.

2h15 : Amadeus lit la lettre de Zelensky. Puis un chanteur ukrainien se produit sur scène tandis que l'on vote pour les cinq finalistes.

Après un faux suspense, Marco Mengoni est proclamé vainqueur.

12 février

Le festival s'est terminé à 2h45. Marco Mengoni a gagné après un nouveau vote qui ne prenait en compte que les cinq premiers du classement.

J'ai fait un cauchemar dans lequel Claire était une enfant et je devais payer sa cantine scolaire.

« Domenica In », l'émission de variétés dominicale, sera consacrée au festival. De bon matin, il y a déjà une autre émission qui fait un bilan sur l'évènement. La télévision italienne, y compris RAI 2, continue d'avoir ce seul sujet d'intérêt mais cela ne va pas durer comme l'an dernier, la cuvée a été moins bonne.

On vient d'apercevoir Emma quelques secondes sur la 2e chaîne dans l'émission « Citofonare », lorsqu'elle repartait en automobile avec la violoniste et Lazza, le temps d'un sourire et de quelques mots aux journalistes, j'ai vu aussi Peppino Di Capri juste avant, semble-t-il en meilleure forme. Chacun fait un commentaire, un geste d'adieu, mais la fête est finie.

N'ayant pas fait ce *journal* en 2021, je n'ai pu donner mes impressions sur les concerts de Vérone et Milan. Ils ont été attristés par la mort de ma mère, dans la nuit du 7 au 8 juin 2021. Je suis rentré de Vérone in-extremis le 7 au soir. Le 6, je craignais la pluie à Vérone, mais Emma a pu faire son concert, le souvenir qui m'a marqué est que j'avais, à tort ou à raison, trouvé la chanteuse parfois triste. Il y avait l'angoisse de ma mère restée à Valence.

Le 23 juin, j'avais enterré maman, j'étais à Carroponte – Sesto San Giovanni, au premier rang. Emma est descendue dans une foule assez peu enthousiaste par rapport à l'ordinaire. Elle est passée à côté de moi, je lui ai trouvé un air sévère. Je n'avais pas pris mon téléphone portable. Il était resté à l'appartement. Je l'ai regretté car à la fin du concert, chantant « Fortuna », Emma a dégrafé sa chemise et chanté en nous montrant son soutien-gorge noir. Personne n'a mis de vidéo en ligne, mais quelqu'un a publié trois photos de l'évènement (qui ne s'est pas reproduit les 24 et 25 juin lors de ses autres concerts dans ce lieu). Elle avait un ensemble bleu rouge violet vert. La voir de si près était une occasion unique, et ce geste frôlant l'érotisme en fin de concert, sa poitrine arborée fièrement sous le soutien-gorge de dentelle noire, sont marqués dans ma mémoire de façon indélébile. Comme j'étais assis en raison des dispositions Covid, et qu'un prochain concert pour l'approcher de si près nécessiterait d'être debout dans la fosse, ce qui n'est plus de mon âge, l'occasion risque fort de ne jamais se produire.

L'émission « Domenica In » se révèle pour moi sans intérêt étant consacrée aux seuls candidats de cette année. Il y aura les 18 et 25 février sur RAI 1 une émission « Tale e quale » où l'on reverra tous les vainqueurs des Sanremo depuis 1951.

J'espère une bonne nouvelle concernant la sortie de l'album d'Emma. Sinon, dans les semaines à venir, des examens médicaux vont m'occuper et j'ai hâte d'en avoir terminé.

Ce soir, j'ai vu deux comédies très réussies : « Inspecteur la bavure » et « La gueule de l'autre ».

Rochemaure et Cruas, 14 février

Agréable journée avec ma fille et mon petit-fils Lohan. Nous sommes allés à « La ressourcerie », une brocante de CD et DVD, et j'ai été bien déçu de ne trouver aucun film français des années 70-80. A vrai dire, le seul film français disponible en DVD était « Le temps des secrets » qui date de 2022. Sinon, des tas de DVD de films américains récents sans intérêt.

Lohan a trouvé son bonheur avec un jouet, un gros camion d'occasion que je lui ai offert.

Nous avons aussi visité à Cruas l'abbatiale Sainte-Marie. Un joyau de l'art roman. Ma fille a eu des billets gratuits. Cela a intéressé Lohan, ce qui n'était pas évident, il ne souhaitait pas s'y rendre dans un premier temps, ma fille lui a proposé d'éviter la visite guidée qui l'aurait ennuyé. Nous avons découvert à notre rythme ce monument.

Valence, 15 février

Je suis un véritable hypocondriaque. Depuis hier, je me sens essoufflé. Je dois passer la semaine prochaine un électrocardiogramme comme tous les cinq ans. Il n'y a aucune raison que j'appréhende l'évènement, et pourtant, cela me tracasse. Je crois savoir que Michel Drucker est comme moi, Pascal Sevran l'était aussi. Cela ne change rien au destin.

La médiathèque François Mitterrand de Valence a 3000 DVD mais j'avoue que la plupart des films dont j'ai vu les boitiers me sont inconnus. J'ai pu emprunter quand même « L'assassin habite au 21 », « Tchao Pantin » et « L'enfer ».

J'ai regardé hier soir un superbe concert de 2h30 de Gianni Morandi aux arènes de Vérone. Je connaissais toutes les chansons à part deux. Quel régal.

16 février

Pierre B. m'a invité samedi à son goûter mensuel, mais je n'irai pas. J'avoue qu'après trois expériences, je préfère en rester là.

La semaine prochaine, je serai sans doute sorti du cardiologue à cette heure-là.

Sur Internet, je vois aujourd'hui qu'Emma et Elodie ne se parlent plus, je les croyais réconciliées. Emma fut sa productrice, Elodie vole de ses propres ailes et on ne saura sans doute jamais le motif de leur brouille. Peu importe, Elodie ne m'intéresse pas. Je serais peiné si Emma était fâchée avec Gianni Morandi, mais ce n'est pas le cas, il l'a accueillie à Sanremo avec chaleur devant les caméras.

17 février

J'ai emprunté à la médiathèque le tome 10 des *journaux* de Marcel Jouhandeau, « Le Gourdin d'Elise », correspondant à l'année 1962. Il en a publié 28.

La télévision et les médias diffusent en boucle les étapes de l'affaire Pierre Palmade. Que la justice passe et qu'on n'en parle plus.

Hier soir, j'ai regardé le premier « Fantômas », pas revu depuis plus de quarante ans au moins. Bien au début, le film perd en efficacité dans sa dernière partie consacrée à une poursuite interminable.

Je ne comprends pas pourquoi je suis essoufflé, ma cardiologue, le docteur D., me fixera jeudi prochain. Ce sera la première fois que je la vois, le docteur P. étant parti en retraite. Je viens de consulter le quatrième volume de mon *journal*, celui de 2018, « L'année blanche », à la date du 6 avril de cette année-là. A l'époque, je ne me faisais pas de souci pour ce type d'examen. Je ne m'arrange pas en vieillissant. Il n'y a que la dentiste qui ne me pose plus de problème depuis qu'elle me fait une anesthésie avant le détartrage semestriel. Mon dentiste parti en retraite a été remplacé par une femme plus douce. Jeudi, je serai fixé concernant le docteur D. Hier, je suis allé au plateau de Lautagne repérer où se trouve le cabinet pour ne pas être en retard. Lautagne à Valence est un endroit aménagé pour les cabinets médicaux et les sociétés. On s'y rend par une route qui me rappelle une scène de « Morts suspectes » avec Geneviève Bujold, celle du Jefferson Institute. Quand on emprunte cette route de campagne, on s'attend à voir des bois et la campagne, et l'on se retrouve au milieu de bâtiments froids et d'allées désertes.

A propos de cette peur des examens médicaux et de la maladie, je viens de lire de Jouhandeau des mots qui semblent faits pour les hypocondriaques. Il écrit « Certains gens évitent de vivre, à force d'en esquiver les risques. Du même coup, ils ne sauront pas ce qu'est la mort : ils n'ont pas vécu ».

Je regarde le soir « Sans mobile apparent » avec Jean-Louis Trintignant et Sacha Distel.

18 février

Je maudis ce temps qui alterne entre le chaud et le froid. Mardi à Rochemaure, il faisait 17 degrés et j'ai transpiré étant trop habillé, le vent revient et me voilà depuis hier enrhumé.

France 2 consacre ce matin une émission sur l'hypocondrie, Michel Drucker est invité à parler de sa peur chronique de la maladie. Il consulte trois généralistes et s'en fait rembourser deux ! (Il n'est pas présent ce matin, c'est une séquence enregistrée).

Ce soir à 21h25, sur Rai Uno, il y a la première des deux émissions consacrées à l'histoire du festival de Sanremo, « Tale e quale ». L'émission se termine à 0h10. Il me faudra regarder mes films dans l'après-midi.

Je suis toujours essoufflé. J'en ai marre de ces contrôles médicaux de début d'année. Je ne devais voir l'ophtalmologiste qu'en octobre. Et jamais auparavant une consultation chez le cardiologue ne m'a tant préoccupé. Que tout cela soit vite derrière moi !

Michel Drucker passe sans arrêt des examens médicaux, il ne vit pas. Pascal Sevran était semblable. Pas Jouhandeau. Dans son *journal* de 1962, page 57, il écrit : « Une chose me confond, c'est la légèreté avec laquelle j'envisage la menace des pires maladies. Rien de ce qui ne dépend pas exclusivement de moi ne m'intéresse : pas même ma santé ».

« Tale e quale » est une énorme déception. Des inconnus viennent imiter, physiquement et vocalement, les vainqueurs de Sanremo. On a vu une femme singer Noemi. Je ne voudrai pour rien au monde découvrir une imitatrice d'Emma. Il y a dans le jury un sosie de Roberto Begnini et tout est à l'avenant. Je vais regarder un film à la place. Ce sera « L'aile ou la cuisse », une valeur sûre. Un film que je connais bien, mais n'ai pas revu depuis longtemps.

Jouhandeau écrit, page 81 de son *journal* : « Aimer, c'est se maintenir dans un état de curiosité attentive et absolue à l'égard de quelqu'un. L'intelligence du cœur, la *cupido sciendi*, n'est pas étrangère à l'amour. Jouhandeau reprend là à sa manière un concept de Blaise Pascal, la *libido sciendi*. C'est tout à fait ce que je ressens vis-à-vis d'Emma. Le fait de chaque jour manifester ma curiosité pour elle, sa vie, sa carrière, est la preuve de mon amour.

Jouhandeau écrit par contre, page 53 de « Le Gourdin d'Elise » : « Il m'a toujours semblé que c'est une preuve de grande faiblesse d'intelligence que d'attacher trop d'importance à tout ce qui regarde la sexualité. C'est là une question de tempérament qui n'a que peu de rapport avec le moral des gens, avec la morale, avec la moralité ». Je ne suis pas d'accord avec lui. Emma, dans le court film « Backstage » sur le tournage de son clip « Occhi Profondi » en juin 2015, ses mains tenant son chemisier déboutonné qui laisse deviner ses seins nus, entourée du metteur en scène et de son partenaire danseur torse nu, a un sourire satisfait et un regard malicieux qui suscitent en moi les pensées les plus coquines.

19 février

Huitième cauchemar ayant pour cadre mon lieu de travail (le dernier remonte au 7 février). Cette-fois, je rêvais que l'employeur allait faire faillite ! Avant février, j'en parle du 31 décembre au 21 janvier. Cela ne s'arrête pas. Je ne me suis plus rendu à mon bureau depuis le début août 2020 et n'y retournerai jamais. J'ai envie d'ironiser sur la fameuse sentence que l'on entend à la fin du pilote de la série « Les envahisseurs » : « Peut-être, pour David Vincent, le cauchemar ne finira-t-il jamais ? ». Durant mes trois années sans écrire, je n'ai pas compté les nombreuses fois où mon ancien lieu de travail hantait mes rêves. Peut-être que pour moi, les cauchemars liés à mon ancien emploi ne cesseront jamais ? Je ne vais pas les collectionner et les répertorier comme je le fais pour les CD !

Je me demande de quoi parleraient les journalistes de BFM-TV si Pierre Palmade n'avait pas eu son accident.

20 février

Je suis angoissé par mon examen du cœur de jeudi. Je vais être moins bavard dans ce *journal* tant que je n'aurai pas les résultats.

21 février

J'ai un gros rhume et n'arrête pas de moucher. J'espère que cela ne va pas fausser les résultats chez le cardiologue jeudi matin.

Je suis plongé dans la lecture passionnante du dixième tome du *journal* de Marcel Jouhandeau « Le Gourdin d'Elise », tandis que ce matin, je suis allé chercher à la médiathèque les tomes 3 et 25, intitulés « Littérature confidentielle » (1959) et « La Mort d'Elise » (1971). Je me régale de lire celui qui a inspiré Pascal Sevran pour ses *journaux*.

Mes livres « *Journal* 2015 » et « De Muriel Baptiste à Lara Fabian, *Journal* 2017 » ne sont plus édités chez Publibook, et je demande à BoD (Books on Demand) de les réimprimer. Je leur ai adressé mes fichiers Word. Publibook a cessé aussi d'éditer mes ouvrages sur Muriel Baptiste, tant pis ! Je me suis beaucoup démené pour écrire et faire publier les livres sur Muriel en pure perte. Son manque de notoriété a rendu impossible d'intéresser le public à la redécouvrir. Christian Marin et moi, en 2006, y avions pourtant vraiment cru.

22 février

Une enseignante de Saint-Jean de-Luz a été poignardée mortellement par un élève de 16 ans « présumé coupable ». Pourquoi présumé ?

J'ai reçu l'accord de BoD pour la réédition du *Journal* 2015. Celui de 2017 est plus long et en attente pour l'instant.

J'ai hâte être plus vieux d'un jour et que l'examen de cardiologie soit passé, et se soit bien déroulé.

23 février

La journée avait mal commencé avec un neuvième cauchemar concernant mon lieu de travail, dans lequel j'étais en contact avec un supérieur pas commode, J., que je préfère oublier.

Rendez-vous avec la cardiologue ce matin. La personne qui remplace mon cardiologue en retraite est étrangère et, lors de l'échange verbal, se sont produits de gros problèmes de compréhension.

A l'issue de l'examen, on me dit que tout va bien, mais on m'envoie passer un scanner à l'hôpital. C'est au secrétariat que j'aurai pour seule réponse : « La cardiologue veut vérifier quelque chose ». Je ne suis pas du tout rassuré.

J'espère que le rendez-vous avec l'ophtalmologiste le 13 mars se déroulera mieux.

Cette après-midi, mon psy me dit que la cardiologue veut savoir des choses que l'examen ne révèle pas, notamment si j'ai les voies coronaires qui se bouchent. J'ai très mal dormi, ce soir je vais regarder un film et lire Jouhandeau, je suis parti pour lire les 28 tomes de ses « *journaliers* », nom qu'il a donné à ses *journaux*. Je trouve que c'est très bien écrit, et dans un style meilleur que celui de Pascal Sevran.

1h23 du matin...

La nostalgie m'envahit ce soir, après cette journée chargée, et je classe, je range avec soin mes collections de disques de Demis Roussos et Richard Anthony. Je vais les écouter dans les jours à venir. Après les émotions du cardiologue, j'ai besoin de me ressourcer, avec la musique, et la lecture. J'ai bien aimé ce soir revoir Maurice Biraud dans « Le cave se rebiffe ».

Avant de dormir, je vais lire quelques pages de Jouhandeau, je découvre ses « *journaliers* » dans le désordre, j'en suis à 1971 avec « La mort d'Elise » après avoir terminé le *journal* 1959.

24 février

Je me réveille tard, ma fille m'a déjà appelé. Le rhume m'a fatigué, J'ai une sensation d'oppression à la poitrine du côté gauche. J'ai besoin de me reposer, de me relaxer.

Je pensais être tranquille après le 13 mars et la consultation d'ophtalmologiste, et à présent je dois me préparer à un scanner. Quand aurai-je un peu de paix ? Je veux que l'on m'oublie. Je veux profiter de ma retraite sans stress. Est-ce trop demander ?

Pour l'instant en 2023, on peut espérer, peut-être tard dans l'année, un album d'Emma mais sans doute hélas pas de tournée. Il me faut attendre. En souhaitant qu'avant de mourir, j'aurais encore de belles années avec des chansons, des concerts et des photos sexy d'elle. Elle rend la vie plus belle. Merci d'exister Emma.

25 février

Je me réveille à plus de dix heures, je manque sans doute de sommeil. Pour me mettre de bonne humeur, je trouve des photos d'Emma postées tant sur Instagram que sur le net où elle participait hier à un défilé de mode à Milan dans une tenue très sensuelle, photos que je vais mettre sur mon site internet.

Demain, cela fera quatre ans que j'ai vu pour la première fois la belle en concert. Je crois ne pas me tromper en disant que je n'ai jamais été aussi heureux que ce jour-là. Si je me suis remis à l'écriture, c'est pour elle. Elle est toujours aussi envoûtante, les photos d'aujourd'hui au défilé de Milan le prouvent.

Emma me console de tous les aléas de la vie. Sa voix, ses chansons, son visage, son corps, tout m'enchante.

La RAI ce soir au journal télévisé consacre un long hommage à Maurizio Costanzo, le Michel Drucker italien, décédé hier à 84 ans. Emma lui a rendu hommage sur Internet, ayant été invitée dans ses émissions en 2015 et 2018. A l'instant, on nous montre à l'écran un télégramme de condoléances signé Gianni Morandi qui l'a bien connu.

26 février

Au lieu de rêver de la belle Emma, j'ai eu droit à un dixième cauchemar sur mon lieu de travail. Dans le rêve, retraité, j'y retournais !

L'hiver est revenu avec un vent glacé qui souffle à 110 km/h. Je n'ai pas le souvenir qu'à pareille date à Assago il y a quatre ans, l'hiver était si froid. J'étais sur un nuage et ne me préoccupais pas du temps qu'il pouvait faire.

Je regarde l'émission « Radio 2 Happy Family » sur la 2e chaîne italienne. On revoit beaucoup de victoires au festival de Sanremo, dont celle de Riccardo Fogli en 1982, éclatant de jeunesse, lui dont j'ai dit qu'il ressemble aujourd'hui à Léo Ferré.

En relisant les articles d'aujourd'hui sur Internet, je note ces lignes réconfortantes : « Emma Marrone ha illuminato la scena con la sua spontanea belleza. Intanto tra i suoi fan crese l'attesa per conoscere le canzoni che comporrano l'atteso album attualmente in lavorazione ». (« Emma a illuminé la scène avec sa beauté spontanée. Pendant ce temps parmi ses fans, l'attente grandit pour découvrir les chansons qui composeront l'album attendu en cours de réalisation actuellement »).

Je me demande pourquoi je fais ces cauchemars à répétition et pas de rêves plus agréables, comme des rêves érotiques. Il m'est arrivé d'en faire, mais il y a longtemps. Il faut croire que mon esprit est bien tourmenté pour sans arrêt rêver à mon ancienne entreprise. Je voudrais tant rêver d'être en train de dégrafer la chemise d'Emma, mais cela n'arrive pas.

J'ai cherché dans mes *journaux* 2015-2019 : un seul rêve concerne Emma. Je l'ai noté le 26 août 2016 : j'organise un concert avec elle et plusieurs de mes chanteurs italiens préférés, c'est tout !

Un seul rêve érotique : Le 6 octobre 2015, je ne le racontais pas alors, par pudeur. Il s'agit de Cindy qui me faisait ce que l'on appelle une « gâterie ». En dehors de cela, au fil de centaines de pages, on trouve une quantité invraisemblable, de 2015 à 2019, de rêves innocents et naïfs sur Muriel Baptiste, plus ou moins lié à une vie après la mort.

Quand je rêve d'une autre femme que Muriel ou Emma, je rapporte des songes anodins et anecdotiques sur Diane Baker, Mireille D. (ancienne collègue de travail et syndicaliste), Gigliola Cinquetti et Vanessa Demouy.

Il arrive que je redevienne enfant et me retrouve en 1966 sur le tournage de « La Princesse du rail » (14 mai 2016). Que j'imagine que Mireille D. reprenne un rôle actif au syndicat (12 février 2017), ou devienne la nouvelle Emma Peel de « Chapeau melon et bottes de cuir » (6 octobre 2017). Que Cindy et Muriel jouent dans un remake de « L'été rouge » (3 novembre 2016). Une autre fois, je rêve de ma dernière compagne Isabelle T. sans avoir aucun regret au réveil (12 janvier 2016).

Je note un rêve agréable où le feuilleton « La demoiselle d'Avignon » se transforme en réalité (10 mai 2016), rêve plus ou moins lié à Muriel Baptiste.

Le 20 décembre 2017, je croyais avoir trouvé un rêve intéressant, puisqu'il était question de Céline, ancienne collègue de travail. Or, c'est encore un « acte manqué » : Ayant raté à Crest un concert de Salvatore Adamo, je vais avec Céline en voir un d'Etienne Daho, dont la voix est inaudible, entouré de guitares électriques ! Pourtant, en prenant des précautions d'anonymat, je me suis rarement censuré dans mes *journaux* concernant les fantasmes sexuels. Le rêve de Cindy, je ne l'ai pas dévoilé en son temps, mais je m'en souviens.

En me relisant (2018), je tombe sur une perle. Il faut le lire pour le croire : 16 juillet 2018, page 123 de « L'année blanche ». J'y écris une énormité : « Comme je ne pense pas me rendre en Italie exprès pour voir un concert d'Emma, il y aura sans doute d'autres concerts de Lara ». Que donnerais-je pour que le rêve du 6 octobre 2015 se soit passé avec Emma au lieu de Cindy ?

Ce soir, je vais en guise d'anniversaire me rediffuser le concert d'Emma « Essere Qui Exit Edition ».

Le soir…
Je commence par me diffuser le « Essere Qui Exit Tour » de 2019, à partir d'enregistrements Youtube, qui correspond au concert que j'ai vu. La soirée continue avec la version 2018 de ce concert par RTL 102-5.

C'est parti pour deux heures ! La plus belle femme du monde, dotée de la plus belle voix du monde, et des chansons superbes, sublimes. « L'isola », « L'amore non mi basta », « Le ragazze come me », « Occhi profondi », « Amami », « Mi parli piano », « Effetto domino », « Cercavo amore », « La mia città », « Il paradiso non esiste ». Il manque cependant « Non è l'inferno » et « Saro libera ».

« Occhi Profondi » était la chanson préférée de Federica Banfi, fan d'Emma morte dans un accident de la route à la vallée d'Aoste le jour de l'an 2018 à seulement 19 ans.

Emma lui rend hommage avec beaucoup de pudeur avant d'interpréter le titre. Federica avait réussi à rencontrer son idole, aussi, à l'occasion de la sortie de l'album « Essere Qui », son père en a fait de même en lui portant une photo de sa fille. Federica continue de vivre en Emma.

27 février

J'ai rêvé cette nuit de Sylvie P. Au moment de mon divorce, je m'étais demandé si, en étant plus sociable, j'aurais pu devenir son compagnon. Je pense aujourd'hui que ce n'était qu'une collègue de bureau et que je me suis fait des idées.
J'en parlais le 22 février, BOD réédite le Journal 2017 ce jour.

28 février

Toutes mes journées se ressemblent. Je me demande si, une fois les résultats obtenus des examens d'ophtalmologie et du scanner de cardiologie qui m'inquiètent, je vivrai dans la quiétude et l'insouciance, ou bien trouverai-je une nouvelle source de tracas. Claire me dit que Lucas est déprimé et fatigué et n'a pas envie de venir me voir. Si j'avais tenu ce *journal* sans m'interrompre après 2019, j'aurais relaté le 9 octobre 2021 notre visite au Palais Idéal du Facteur Cheval à Hauterives, ou bien le film que nous avons vu le 4 juin 2022, « Sonic 2 le film » (le 27e et dernier film vu ensemble), jour où nous étions allés au plan d'eau de La

Roche-de-Glun et où, indisposé par la chaleur, il m'avait demandé la fraîcheur d'une salle de cinéma. Il est venu au moins deux autres fois, sans s'ennuyer, enthousiaste. Nous nous étions rendus dans un restaurant à Portes-lès-Valence où l'on vous sert à volonté. Une autre fois, un samedi ou un dimanche, il avait cuisiné. Je me souviens d'un jour où nous avons joué aux jeux de société sans sortir. Lucas me manque.

Claire aussi. Je ne veux pas importuner ma fille par des requêtes répétées de visites ou de rencontres, elle a sa vie. Elle m'a annoncé hier qu'elle avait un entretien d'embauche pour aujourd'hui. Je me suis habitué à voir mes deux petits-fils et ma fille, et trop de tranquillité, de solitude, ce n'est pas bon pour moi. Emma devient une drogue, un prétexte pour aller de l'avant.

Lucas n'a envie de rien. Dimanche, il est resté dans sa chambre. Claire me dit qu'il joue toujours avec sa voiture télécommandée.

Ma vie au bureau ne me laissait pas assez de loisirs, mais désormais, j'ai trop de temps libre. Lire, écouter des CD, regarder la télévision, c'est bien, mais profiter des siens est aussi un immense plaisir.

Pour chasser le blues, j'ai mis le dernier disque de Patrick Bruel, « Encore une fois », sur ma chaîne hifi.

Message de Lucas en réponse au mien : « Coucou j'espère qu'on se verra bientôt aussi gros bisous ». (Je respecte son texte sans ponctuation).

Bien sûr, j'aime Emma, j'attends la sortie de son septième album studio et un prochain voyage en Italie pour la voir en concert. Mais il y a aussi d'autres joies dont je veux profiter.

21H20 : Ma fille m'annonce qu'elle a trouvé du travail.

1er mars

Hier soir, j'ai regardé Michel Serrault dans « Le viager »,
mis en scène par Pierre Tchernia.

J'ai rêvé qu'avec ma mère et ma grand-mère, nous nous
rendions à un concert de Patrick Bruel. Je me suis réveillé
assez angoissé. Je n'en connais pas les raisons exactes.

Ma fille vient de m'appeler plus d'une heure et le travail
trouvé n'est pas génial. Je me fais beaucoup de souci pour
elle.

2 mars

Endormi à plus d'une heure, réveillé à cinq. Je suis
d'humeur inquiète.

Il y avait hier soir sur la chaîne « RAI Storia » un hommage
à Lucio Dalla, pour le 11e anniversaire de sa mort à 68 ans,
en Suisse, à Montreux, quelques semaines après avoir

participé au festival de Sanremo. Ce festival 2012 avait été pour moi l'occasion de connaître et d'aimer sur le champ la gagnante de l'édition, Emma Marrone. Auparavant, j'avais regardé le film de Pierre Tchernia « Les Gaspards », moins réussi que « Le Viager ».

Véronique Jannot est l'invitée de « Télé matin » sur France 2 pour présenter son album pour enfants « Rêves », disponible uniquement sur son site internet. Il est autoproduit. Elle n'a plus de maison de disques. Il est sorti il y a déjà quelques mois, le 8 novembre 2022. Elle l'a écrit pendant le confinement. Véronique a expliqué que les lecteurs de CD tendant à disparaître, elle vend souvent la version digitale de son album. L'actrice assume son âge et n'a pas eu recours à la chirurgie esthétique. Je pense que sa gentillesse n'est pas feinte.

Il y a du soleil, il fait 11 degrés et le vent est tombé. Le printemps se profile déjà avec la page du mois de mars de mon calendrier d'Emma. La photo de mars que j'ai mise montre Emma en tenue printanière. J'espère que cette saison sera heureuse malgré les tracas divers que j'ai évoqués. Le printemps a toujours été ma saison préférée, il annonce l'été qui ne tient jamais ses promesses. Il fait toujours trop chaud à présent, et, durant mon enfance, dès le 15 août passé, le mauvais temps apparaissait souvent. L'automne me donne le bourdon. Je n'aime pas les feuilles mortes qui tourbillonnent dans le vent, les rentrées scolaires, et cela depuis mon enfance. Combien de printemps ais-je devant moi ? Combien de printemps heureux et en bonne santé ? L'avenir me fait peur. Je savoure l'instant présent. Le printemps est la seule chose qui aujourd'hui me rappelle Muriel Baptiste, dont j'étais amoureux fou adolescent, et que j'ai évoquée dans tant de livres. Elle est un doux souvenir qui m'effleure, mais à présent, je ne pense qu'à Emma.

La chanteuse est aujourd'hui à Cortina d'Ampezzo en vacances et a mis une photo sur son compte Instagram. Il est précisé dans un article qui évoque ce séjour que l'enregistrement du nouvel album n'est pas perdu de vue.

3 mars

Emma a obtenu un prix aux Etats-Unis pour son film « Il Ritorno ». Un nouvel article sur Internet, signé Stefano Mauri, parle de la prochaine sortie de son nouvel album, et même d'une tournée.

Je suis sorti ce matin, il faisait du vent et sept degrés. Claire me dit qu'elle est allée faire une randonnée avec des copines au bord du Rhône et a eu très froid en raison du vent glacial. Le printemps n'est pas encore là.

Gianni Morandi sort aujourd'hui son 35e album, « Evviva ! », (le 41e en comptant les six albums live), que j'ai aussitôt commandé. Je ne pensais pas qu'à 78 ans, il en ferait un autre. Peppino di Capri a sorti 47 albums studio (et trois live), le dernier en date est « Mister », en

2019. A son âge (83 ans) et avec la santé fragile qu'il a montré au festival de Sanremo, je doute qu'il en fasse un 48e mais qui sait ?

Je m'attache parfois à des détails futiles : depuis plusieurs semaines, je cherchais comment s'appelait le modèle de ma Renault Clio achetée en 2001. C'était « Authentique ». J'ai retrouvé cette information sur un vieux contrat d'assurance. En dehors de « Authentique », il existait les modèles « Expression », « Dynamique », « Privilège » et « Initiale ».

Je me rends à la médiathèque pour emprunter de nouveaux livres, Jouhandeau et peut- être Chardonne. Sur le chemin, coup de téléphone de Claire. Ce sont de bonnes nouvelles, elle m'adresse un SMS, « L'usine m'a appelée, j'ai un entretien lundi matin !! ». Deux points d'exclamation et pour moi, des doigts croisés pour qu'on l'embauche. Sans raconter sa vie personnelle, elle doit absolument reprendre une activité professionnelle, et celle qui lui a été proposée n'est que pour cinq mois, et dans des conditions d'horaires difficiles. Elle avait comme seconde piste cette usine, où j'espère elle sera prise.

A la médiathèque, j'ai choisi « Chaminadour » de Jouhandeau (un pavé de 380 pages) et « L'amour, c'est beaucoup plus beau que l'amour » de Chardonne. Des livres peu demandés, il a fallu qu'une employée aille les chercher dans un sous-sol. Chardonne et Jouhandeau étaient les auteurs préférés de Pascal Sevran.

Je me sens ce soir de bien meilleure composition qu'hier. En raison du message de ma fille qui me rassure, même s'il ne faut pas crier trop tôt victoire.

J'éprouve enfin la sérénité : nouvel album de Morandi, album en prévision pour Emma, travail stable pour ma fille. Il ne me reste qu'à moins prendre à cœur les examens médicaux.

Je regarde ce soir pour la huitième fois « Mille milliards de dollars » d'Henri Verneuil, avec Patrick Dewaere, qui rejoint le cercle limité de mes films culte, ceux que je peux revoir à l'infini sans me lasser : « Morts suspectes » avec Geneviève Bujold, certains James Bond (« L'homme au pistolet d'or », « Les diamants sont éternels », « Dangereusement vôtre »), « La fièvre au corps », « La Sirène du Mississippi » ou encore « Peur sur la ville » » avec Belmondo. Il n'y en a pas beaucoup d'autres à avoir ce privilège, des épisodes de séries comme « Le Saint », « Les envahisseurs », « Chapeau melon et bottes de cuir », « Amicalement vôtre », « Code Quantum », « Daktari », « L'homme de fer », « Les rois maudits », « La princesse du rail », « Banacek », « L'homme qui revient de loin ». Et quelques films avec Sean Connery et Roger Moore. Je peux réciter par cœur les dialogues de certains de ces films ou séries tant je les ai vus. J'oublie sans doute certains titres, mais pas beaucoup. J'ai vu quarante fois les feuilletons avec Muriel Baptiste « Le premier juré » ou « Les dernières volontés de Richard Lagrange ».

4 mars

En me réveillant ce matin, j'avais froid et mal au ventre. Je me suis souvenu de mon rêve de cette nuit. J'étais le compagnon (ou le mari) d'une femme qui ressemblait à Véronique Jannot, et nous faisions l'amour.

J'étais mieux dans mon rêve que dans la réalité, même si j'ai pris conscience que celle-ci n'était pas si mauvaise. La bonne nouvelle donnée par ma fille hier y est pour beaucoup. J'ai commencé à lire une fois dans mon lit « Chaminadour » de Marcel Jouhandeau. C'est une série de portraits pittoresques des habitants de Guéret au début du siècle. Le style littéraire est très différent de ses « *Journaliers* ».

Je revois ce soir le concert de Gianni Morandi aux arènes de Vérone, enregistré en 2018 par la chaîne RTL 102.5, et que j'ai vu le 14 février dernier (Je ne l'avais pas mentionné). Le chanteur propose tous ses tubes, mais en évidant de multiplier les medleys comme il le fait souvent dans ses six albums live sortis dans le commerce entre 1973 et 2016. La seule chanson à mon avis qui manque dans ce spectacle est « Nel silenzio splende » de 1984. Tout le reste y est, ce qui permet de savourer le répertoire du chanteur dans ce qu'il a de meilleur. On a même droit à quelques bonus comme une reprise de la chanson du film « Le Parrain », « Parlà più piano », qu'en leur temps Dalida et Tino Rossi enregistrèrent en français sous le titre « Parle plus bas ». Je ne veux pas jouer les rabat-joie mais

« Nel silenzio splende » est d'une autre teneur. Notons qu'il y a des chansons inédites, dont l'une maladroitement intitulée « Volare », qui n'a rien à voir avec le succès de Domenico Modugno, le refrain étant « Mi fa volare », on aurait pu l'intituler différemment.

Parmi les titres que j'ai appréciés dans ce concert, il y a « Canzoni stonate », « La mia nemica amatissima », « Bella signora », « Scende la pioggia », « Grazie Perché », « Uno su mille », « Si puo dare di più » (chanson gagnante de Sanremo 1987), « Banane e lampone ».

5 mars

Impossible de me rappeler ce dont j'ai rêvé cette nuit.

Je raffole de la lecture de « Chaminadour » et hier soir, j'ai lu jusqu'à fort tard ce livre. Pascal Sevran dans son *journal* de l'année 2004 écrit à son sujet : « Les livres de Jouhandeau que l'on réédite ne sont pas ceux que je recommanderais d'emblée. *Les Argonautes, De l'abjection*, même *Chaminadour* (un chef-d'œuvre certes, mais daté) pourraient rebuter des jeunes lecteurs pressés ou de moins jeunes encore curieux. Pour approcher Jouhandeau dans les meilleures conditions, il faut d'abord passer par le *Mémorial* ou par les *Journaliers* ». (Citation extraite de la page 80 de son *Journal* VI « Il pleut, embrasse-moi » paru chez Albin Michel).

Certes, mais le dernier « Journalier » que j'ai lu, le tome 27, « Du singulier à l'éternel », frisait l'ennui, tant l'auteur parlait de son rapport avec Dieu. Dans son livre, Sevran cite « La mort d'Elise », le tome 25 des *Journaliers*, que j'ai aimé. Il cite aussi parmi les ouvrages faciles d'accès de Jacques Chardonne « L'Amour, c'est beaucoup plus que l'amour », que je viens d'emprunter à la médiathèque où il y avait peu de titres disponibles de cet auteur. Il semble que j'ai eu la main heureuse. Le livre de Chardonne est très court, 124 pages, de plus c'est un format de poche dont les pages ne sont pas trop remplies, révélant une écriture limpide. A la différence de « Chaminadour » qui est un lourd volume, en petits caractères et formant un ensemble assez condensé qui m'avait un peu effrayé de prime abord.

Le dimanche matin, en raison des émissions religieuses sur France 2, je regarde brièvement BFM pour avoir les nouvelles, puis j'émigre sur les chaînes italiennes. De préférence, RAI 2 car la première chaîne italienne est dédiée ce jour-là à la « Santa Messa », et c'est ce que je veux éviter sur France 2. Sur RAI 2 ce matin, il y avait l'émission « Radio 2 Happy Family », où j'ai pu revoir plusieurs chanteurs italiens : Loretta Goggi chantant « Maledetta Primavera », Lucio Dalla son premier grand succès « 4 Marzo 1943 » et Toto Cutugno « L'Italiano ». A 11h40, il y a l'émission « Citofonare » dont j'ai déjà parlé, mais au programme, je n'ai vu que des artistes des années 80 que je ne connaissais pas, excepté Al Bano pour une courte apparition.

Mes passions (lecture, regarder des DVD, écouter de la musique) sont des activités solitaires. Il me faudrait marcher pour éviter la sédentarité et les maladies qu'elle entraîne. Mais en marchant seul, je m'ennuie, et ces deux dernières années, je me suis inscrit à des groupes de marche que j'ai quittés, ne parvenant pas à m'intégrer.

Je suis pourtant un homme sociable. Le 10 février, au parc de la Marquise, Lohan a absolument voulu rentrer, il s'ennuyait, alors que j'avais engagé la conversation avec une femme et un homme de mon âge, eux aussi grands-parents. Les meilleures rencontres sont celles faites par hasard. Seul, il est infiniment plus difficile de parler aux gens.

J'ai regardé un épisode de « Maigret » : « Maigret, Lognon et les gangsters », et à présent, j'écoute de la variété italienne. En l'occurrence Lucio Dalla en concert.

Ce soir, je regarde « La Course à l'échalote » pour rire un peu, film avec Pierre Richard et Jane Birkin. J'attends demain avec appréhension l'entretien d'embauche de ma fille, qui a rendez-vous à 10h00.

Afin de bien terminer ce dimanche soir, je regarde le concert de Peppino di Capri intitulé « 50 », Il s'agit du DVD publié en 2008 pour les cinquante ans de carrière du chanteur.

6 mars

Au réveil, j'éprouve une sorte de dégoût. Cela vient de mon quotidien qui est pesant.

J'ai rêvé cette nuit que je devenais l'auteur d'une nouvelle de « James Bond », tout à fait officiellement, pour « Ian Fleming Publications », et que ma fille était fière de moi.

J'attends des nouvelles de ma fille pour son entretien d'embauche.

J'ai rendez-vous, comme toutes les six semaines, avec la podologue. Depuis qu'elle m'a fait mal, j'appréhende les séances. Fort heureusement, comme la dernière fois, cela s'est bien passé.

Ma fille m'a appelé pour me parler de son entretien. On lui propose un stage de quinze jours non rémunérés dans le cadre de Pôle Emploi. Elle ne sait pas si ensuite cela lui permettra d'avoir un CDI. Elle me dit de ne pas me faire plus de souci qu'elle pour cela.

Mon rhume ne passe pas, et il dure depuis un bon moment. J'en parle depuis le 21 février.

Je trouve du courrier dans ma boîte aux lettres : une convocation à l'hôpital le 28 avril pour le scanner. Il y a une prise de sang à faire dix jours avant. Et des tas de choses et formalités. J'ai appelé mon médecin traitant, qui me dit que c'est un contrôle de routine vu mon âge. J'espère qu'après le 28 avril, on va me laisser en paix pour cette année. Car à force de me faire passer des examens, en me créant de l'anxiété dont je me passerais, on va finir par me rendre malade.

Je m'étonne de l'insistance à me faire passer des examens du cœur que je n'ai pas demandés. Dans le même temps, mon petit-fils Lucas souffre du foie, et l'hôpital remet de mois en mois les examens pour s'occuper sérieusement de sa fatigue et de son état. Deux poids, deux mesures.

7 mars

Deux rêves cette nuit : l'un sur le chanteur Philippe Lavil, dans lequel je retrouvais des cassettes audios de duos enregistrés à la télévision avec d'autres chanteurs, l'autre étant le onzième cauchemar sur mon ancienne entreprise. Je devais montrer à un nouvel embauché comment l'on trie les mises en demeure avant de les faire partir, et la manière de procéder en barrant sur le bordereau de la poste celles que l'on n'envoie pas.

Hier soir, j'ai regardé le film « Pétain » de Jean Marboeuf avec Jacques Dufilho et Jean Yanne. J'ai noté que l'on y parle de Marcel Jouhandeau et de Jacques Chardonne, les écrivains que je lis ces temps-ci.

C'est le début d'une grève illimitée contre la réforme des retraites.

Je suis allé chez le coiffeur le 17 janvier, mais il ne m'a pas assez coupé les cheveux. A ma nuque, ils sont trop abondants, je suis obligé d'y retourner ce jour à 16h00.

Je me suis rendu à l'hôpital pour remplir les formalités au bureau des entrées, puis à la pharmacie qui m'a délivré le produit que l'on doit m'injecter avant le scanner, « à tenir à l'abri de la lumière », il est dans le meuble Ikéa de mon salon acheté avec Claire en 2021 à Avignon.

Emma vient d'être nommée ambassadrice de Spotify Italie pour le mois de mars. (Spotify est une plateforme de musique numérique comme Deezer, qui permet d'écouter des millions de titres, mais l'on devine que ce n'est pas ma tasse de thé, moi qui collectionne les CD et y suis autant attaché). Je regarde ce soir un film comique « Je sais rien mais je dirai tout » de et avec Pierre Richard. Ce n'est vraiment pas son meilleur film. En dehors de la musique de Michel Fugain, il faut être indulgent pour l'apprécier. Faute à un scénario décousu. Habituellement, les films de cet acteur me font rire.

Après le film de Pierre Richard, je revois avec plaisir un épisode du « Saint » avec Roger Moore : « Le noyé ». Je le regarde souvent, il fait partie de mes épisodes préférés de cette série. Avec « Les championnes », « La vengeance », « Le fugitif », « Le jeu de la mort », « Le génie », « Le diamant » et « Intermède à Venise ».

Claire ne m'a pas appelé mais envoyé des messages, elle a accompagné son mari Benoît en Avignon à un rendez-vous médical, chez une neurologue qui avait du retard. De plus, avec la manifestation contre la réforme des retraites, ils ont perdu du temps et elle me dit être fatiguée. Je me demande comment elle va gérer les rendez-vous des enfants et de son mari quand elle travaillera.

Il fait 21 degrés semble-t-il ce soir dans mon appartement, ce dont témoignent deux thermomètres, pourtant j'ai les mains glacées, la chaudière est réglée sur 19. J'ai froid et besoin que ma vie se réchauffe.

Que le temps passe vite ! Le festival de Sanremo a commencé il y a un mois, il me semble que c'était hier.

8 mars
Hier soir, j'avais froid, mes doigts étaient glacés et je devais les fourrer dans les draps en lisant.

Le pays est parti pour une grève longue. J'ai été avisé de faire le plein de carburant. Le blocage des raffineries a débuté, il n'y a pas de pénurie, mais les gens se ruent sur les stations-service. A l'occasion de la journée de la femme, il y a de nouveaux défilés aujourd'hui. Samedi 11 mars et mercredi prochain, des mobilisations nationales sont prévues. Ma fille m'explique ce matin qu'en Avignon, la CGT bloquait les automobilistes un peu partout.

J'ai regardé ce soir un très bon film avec Louis Jouvet, « Quai des orfèvres ».

9 mars

J'apprends sur Facebook le décès de Marcel Amont à 93 ans. Chaque année, l'été, j'écoute le double CD de l'année 2000 « Le meilleur de Marcel Amont ». 93 ans est un bel âge, et je m'attendais à cette nouvelle un jour ou l'autre. J'ai eu la chance de voir le chanteur en concert en 2009 à Paris à la Grande Comédie. Il avait fait ce jour-là un numéro d'équilibriste avec une chaise, à vous couper le souffle.

Le psy m'a pris la tension : 13 sur 8.5. J'étais calme, pas stressé, pas comme le jour de la consultation chez la cardiologue.

David (dont j'ai parlé dans mes *journaux* jusqu'en 2019), m'a appelé ce jour et nous avons parlé longuement de mon scanner. Il me dit de ne pas m'inquiéter. Il m'invite à regarder une vidéo de l'école de son enfance qu'il a trouvée sur Internet, intitulé « Le Ballon rouge ».

Afin de me distraire un peu, j'ai regardé Coluche dans « La vengeance du serpent à plumes », DVD que j'ai loué à la médiathèque de Valence.

10 mars

Drôle de rêve. Une militante socialiste venait me chercher pour aller à un concert de Gérard Lenorman (pas spécialement réputé pour ses penchants envers ce parti !). Puis, au spectacle, elle quittait sa place pour se mettre dans les premiers rangs et je me retrouvais à côté de quelqu'un d'autre.

Ce matin, j'ai appelé la société de service à la personne, pour savoir si quelqu'un pouvait me conduire à l'ophtalmologiste, ma fille qui devait le faire ayant un empêchement, étant contactée pour un emploi. Elle m'appelle à l'instant et semble vraiment désemparée par sa situation, devant accepter le premier emploi qui se présente. Je l'ai trouvée résignée, semblant à bout devant les difficultés que sont la vie chère, l'inflation, la moindre dépense imprévue, les soins non remboursés pour les enfants. Nous avons parlé de la réforme des retraites et des mouvements sociaux. J'ai beaucoup compté sur elle à la mort de ma mère, mais il me semble qu'aujourd'hui, elle ne peut plus m'aider comme par le passé, prise dans ses problèmes, du moins tant qu'elle n'aura pas un emploi stable. Le 6 mars, j'évoquais un stage mais il ne se fera pas, et cette déception semble celle de trop. Je trouve que la vie a abîmé ma fille, qui respirait la joie de vivre et qui à présent déchante.

Ce que je retiens de mon expérience avec la cardiologue est que la peur n'évite pas le danger, et que le stress se révèle contreproductif. Je n'aurais sans doute pas été l'objet d'un scanner à l'hôpital si j'avais eu 13 de tension lors de l'examen. Je vais tâcher de prendre sur moi pour la consultation de lundi, afin que tout se passe bien chez l'ophtalmologiste. En appréhendant un rendez-vous médical, je me suis créé des tracas supplémentaires.

Hier à 13h00, aux actualités de TF1, il y a eu un petit hommage à Marcel Amont, quelques images de sa carrière, « Le mexicain basané », on l'a vu avec Charles Aznavour auteur de cette chanson, qui fut son plus grand succès, et chanter aussi « Le chapeau de Mireille » écrite par Georges Brassens, mais dès l'édition de 20h00, il n'était plus question de lui. Evidemment, s'il était mort dans les années 70, il aurait eu droit à un hommage en soirée, un programme lui aurait été dédié. Plus personne ne fera de carrières comme la sienne, même si dès la décennie 80, il avait sombré dans un certain oubli.

En me rendant à la boulangerie, j'ai croisé des utilisateurs de trottinettes électriques. De vrais dangers publics. C'est devenu un véritable fléau pour les piétons, le symbole de notre époque où les gens se fichent de vous et de votre sécurité.

Une simple marche pour aller acheter trois baguettes et me voilà soufflant comme un bœuf. David hier m'a dit que mes résultats d'échographie cardiaque sont excellents. Le scanner a pour but de vérifier la circulation sanguine, c'est-à-dire l'aorte et les voies coronaires. Il a eu une sévère opération du cœur il y a trois ans, quelque chose de très grave, je pense qu'il sait de quoi il parle.

Revenant d'une autre course, allant chercher douze bouteilles d'eau, je ne suis cette-fois pas du tout essoufflé, ce qui me fait dire que c'est peut-être une question d'entraînement. Sur la route, encore des trottineurs qui viennent à ma rencontre, en tant qu'automobiliste, mais sont tout aussi imprudents.

Je regarde ce soir « Le rouge est mis » avec Jean Gabin. Puis l'un de mes épisodes favoris du « Saint » avec Roger Moore : « Le jeu de la mort ».

11 mars

Samedi 11 mars, pour les gens de ma génération, cela évoque tout de suite l'année 1978 et la mort de Claude François. Seul Jean-Luc Reichmann sur TF1 s'en souvient aujourd'hui.

C'était une autre époque, un autre siècle, une société différente. Depuis qu'il n'y a pas eu d'émission à la télévision pour le 40e anniversaire de sa mort, il me semble qu'une page est tournée.

J'ai vu avec deux heures de retard un SMS de Lucas, qui me remercie d'un cadeau, et m'explique qu'il en a marre d'être toujours fatigué. Je disais le 6 mars : « Deux poids, deux mesures ». Il y a bien longtemps que l'hôpital aurait dû procéder à des examens.

Cette après-midi, j'ai fait du tri dans mes deux bibliothèques, procédant à un rangement méticuleux de mes livres.

Je me repose en écoutant Gianni Morandi, et une musique de film de Roy Budd « Welcome to Blood City ». Il s'agit d'un CD du label allemand Caldera qui a retrouvé ces bandes précieuses… dans un container ! Quand je dis que l'on a jeté à la poubelle la musique de « Moonraker » et des chansons de Judy Garland, on pourrait croire que j'exagère, mais c'est la stricte vérité.

Ce soir, j'ai regardé « Le Fou de guerre » avec Coluche, film que je n'ai jamais vu. Après ce film bouleversant, j'ai retrouvé Roger Moore dans un de mes épisodes fétiche du « Saint » : « La vengeance », qui a fait l'objet d'un remake dans « Amicalement vôtre » sous le titre « Une rancune tenace ».

12 mars

J'ai trouvé hier que le film « Le fou de guerre » était assez dramatique. J'ai eu du mal à reconnaître Beppe Grillo, qui avait 37 ans en 1985. J'ai l'habitude de le voir comme ancien dirigeant du Mouvement 5 étoiles. Il a aujourd'hui 74 ans. Je me rends compte que je le connais très peu, il n'a fait que deux films au cinéma en dehors de celui de Dino Risi que j'ai vu hier.

C'est encore bel et bien l'hiver. Je n'ai jamais eu aussi froid dans mon appartement, en raison des recommandations pour faire des économies d'énergie (j'avais l'habitude de me chauffer à 21 degrés, maintenant 19). En début d'après-midi, longue conversation téléphonique avec ma fille.

On oublie vite, mais l'an dernier, à cette époque, je me promenais à Tournon avec Catherine B. qui voulait toujours longer le Rhône, en passant le pont et poursuivre à Tain l'Hermitage le long des quais, et je me gelais, surtout en raison du vent et du fait que madame ne supportait pas que j'enfile un pull-over. Au moins suis-je cette année à l'abri. Mieux isolé depuis les travaux faits par mon gendre les 2 et 3 août, il a remplacé mes antiques fenêtres par des fenêtres en PVC, avec double vitrage. La différence entre les deux hivers demeure que l'an dernier, il n'y avait pas cette crise de l'énergie et que l'on économisait moins.

Ce soir, je regarde « Touchez pas au grisbi » avec Jean Gabin. J'espère que ma visite à l'ophtalmologiste se passera mieux que celle au cardiologue.

13 mars

Consultation rapide, ce qui me convient fort bien, chez le docteur G., ophtalmologiste, que je reverrai dans deux ans pour une intervention au laser, car j'ai un début de « fibrose capsulaire » à l'œil droit, dont je ne me rends pas compte pour le moment. Il s'agit de « cataracte secondaire », de la peau qui repousse et qu'il faut enlever au laser. Le docteur G. est jeune et sympathique. Le docteur H. qu'il remplace est parti ouvrir un cabinet en Lozère.

Maintenant, il y a le scanner du 28 avril pour l'aorte et les voies coronaires, et ensuite, j'espère faire une pause médicale jusqu'au prochain bilan sanguin total en 2024.
« Touchez pas au grisbi » hier soir était un très bon film. Je pense regarder « Les malheurs d'Alfred » de et avec Pierre Richard ce soir.

Ma fille m'a appelé ce matin pour s'assurer que j'étais bien réveillé. J'ai bientôt terminé « Chaminadour » de Jouhandeau.

La vieillesse arrive sournoisement. On ressent d'abord les défaillances du corps, pour un homme, les problèmes d'érection vers 50 ans, la cataracte (que j'ai eue très tôt), et aujourd'hui, face au docteur G., en plein éclat de sa jeunesse, je me sentais une personne âgée. Il m'annonce une « fibrose » comme une chose naturelle. Si le corps fait peu à peu preuve de lacunes (on veut vérifier si mes voies coronaires sont calcifiées), l'esprit reste vif et jeune. Mais l'on ne peut rien contre la fuite inexorable du temps.

Renaud Camus a révélé qu'il avait un cancer de la prostate, qui pour le moment ne s'est pas généralisé. Il écrit en ce moment son quarantième *journal*, et vient de faire autoéditer le 38ᵉ « Le choléra », qui correspond à l'année 2021. Lui relate tout, ce qui produit des pavés. Camus ne vit pas, il passe sa vie à l'écrire, raconte ses voyages ou dévoile ses déboires avec sa banque. Pascal Sevran n'en a écrit que huit (et un neuvième incomplet paru à titre posthume) et Marcel Jouhandeau 28 (mais certains très courts comme le volume 3 « Littérature confidentielle », vraiment trop succinct : 138 pages écrites en gros caractères !). Je ne connais pas d'autres diaristes à part eux.

J'écoute un concert de Peppino di Capri « In tour » de l'année 2003, enregistré en divers endroits. « Milan », qui est je crois un label affilié à RCA, a tenté en 1980 de sortir en France quelques disques de Peppino, qui sont passés inaperçus. Emma a bien raison de ne pas venir tenter sa chance chez nous, elle ne rencontrerait qu'indifférence. Qu'espérer d'un pays qui ne jure que par des rappeurs comme Gims ?

La réforme des retraites semble être acquise pour le président Macron et Elisabeth Borne. Bien que contre cette mesure, je n'approuve pas certains débordements et blocages, en particulier de la CGT. Il semble que les éboueurs fassent grève dans de nombreuses villes dont Nantes. Les restaurateurs et les commerçants sont furieux. Il est loin le temps où le plan Juppé était remis en cause par la rue en 1995. Le gouvernement d'alors avait dû retirer son projet. Pourtant, Juppé ne semblait pas moins déterminé que Macron. Il faut croire que l'époque a changé. Cela illustre l'effondrement de la gauche française, et une poussée de l'individualisme. Les automobilistes sont très soucieux dès que les raffineries sont bloquées, au point de créer eux-mêmes la pénurie en se ruant sur les stations-service à la moindre rumeur de blocage. Je constate qu'après avoir été dans mes jeunes années et une grande partie de ma vie de gauche, je suis devenu réactionnaire (pas au point de prôner la retraite à 64 ans). Mais j'aime l'ordre, que l'on récompense le mérite, et le fait que je lise Jouhandeau, Chardonne, Sevran et Camus, sans être choqué par leurs propos, démontre mon évolution.

J'ai regardé « Les malheurs d'Alfred » de et avec Pierre Richard, que je n'ai pas revu depuis longtemps.

J'ai terminé cette mémorable journée en visionnant un épisode du « Saint », « Le Fugitif », une histoire d'ancien nazi réfugié au Pérou, que j'affectionne particulièrement. Dans le rôle du nazi, joue le comédien John Barrie (1917-1980), que je trouve fabuleux de cruauté (et de talent !). Il est méconnu, je ne l'ai jamais vu dans un autre personnage. Il a joué dans le film « Patton » en 1970, de Franklin J. Schaffner avec George C. Scott et Karl Malden. Pour moi, ce comédien passablement oublié ne mériterait pas de l'être, mais je dois avouer que dans

« Patton », que je n'ai jamais vu, il n'est que 15ᵉ dans l'ordre de distribution.

J'ai vu « Le Fugitif » la première fois à la télévision à l'époque où je n'avais que Muriel Baptiste en tête, très exactement le samedi 10 février 1973. J'ai encore le « Télé Poche » d'époque (numéro 369, daté du 7 mars 1973, avec en couverture Jacques Martin), qui pourrait l'attester.

14 mars

Encore un cauchemar, le douzième (voir au 7 mars) sur mon entreprise, dont je suis retraité. A nouveau, je rêvais qu'elle était en faillite (voir au 19 février) et j'étais sous les ordres de mon chef J. (voir au 23 février). Je me suis réveillé tard, à 8h50, mais bien content de retrouver le monde réel, loin des songes stressants.

Chardonne enfin ! Je commence la lecture de « L'amour, c'est beaucoup plus beau que l'amour ». C'est nettement plus intéressant que l'énorme perte de temps d'aujourd'hui entre l'opticien pour de nouvelles lunettes et les courses.

Il est 14h30 et la journée commence seulement pour moi ! De Chardonne, je ferai cette citation : « Je suis l'enfant de mes imaginations. (..) Les souvenirs ont beau avoir été ensevelis, on n'est pas maître de ses souvenirs. On finit toujours par vivre avec des fantômes ».

Ces mots me parlent, moi qui hier évoquant la diffusion d'un épisode du « Saint », pensait à ce printemps 1973 où j'étais amoureux fou de Muriel Baptiste.

Jean Richard aurait dû s'abstenir de tourner certains « Maigret » : « Maigret et l'affaire Nahour », que je viens de regarder, est d'un ennui mortel.

Je regarderai ce soir Jean Gabin dans « Razzia sur la chnouf ».

22h30…
Je n'avais pas vu depuis au moins quarante ans le film avec Gabin, et je le trouve vraiment très bon. Avec Claire, nous échangeons des nouvelles sur Messenger.

Je vais revoir maintenant un épisode du « Saint », « Le trésor mystérieux ». C'est un opus que j'ai découvert en 1973 et aimais mieux à l'époque. Il reste dans mes préférés, mais après « Les championnes » ou « La vengeance ». Il y a un côté « Tintin, les sept boules de cristal » avec le tueur à la sarbacane.

J'irai ensuite lire Chardonne avant de dormir.

15 mars

Je suis de méchante humeur ce matin, m'étant réveillé tard, 9h30, alors que j'avais des choses à faire. En mettant la télévision, panne SFR. Je suis obligé d'appeler la hotline pour faire rétablir la bonne réception.

J'ai fait un cauchemar sur mon entreprise, encore un, le treizième, dans lequel j'assurais un week-end une astreinte avec Pascal H. qui ne m'a jamais été sympathique.

J'ai pu mettre RAI 2 et j'y retrouve Romina et Al Bano, qui bien que divorcés, chantent toujours ensemble.

Je viens d'avoir ma fille presqu'une heure au téléphone, apaisante. Elle aura besoin de moi pour conduire Lucas à la gare TGV de Saint-Marcel-lès-Valence aux prochaines vacances scolaires.

En lisant, « L'amour, c'est beaucoup plus que l'amour », je découvre une forme de récit différente des *journaux* de Sevran, Jouhandeau et Camus. Il n'a d'ailleurs pas vraiment tenu de *journal*. Si les romans ne m'intéressent pas, je suis preneur des essais. Encore faut-il les trouver !!! Chardonne est victime de l'opprobre (à laquelle échappe singulièrement Louis-Ferdinand Céline) pour son passé sous l'occupation. Germanophile, pétainiste, collaborationniste, on ne ressent rien de tout cela en le lisant. Jouhandeau, il me semble, « noie le poisson » en citant le bon Dieu à chaque page, en évoquant, parfois de façon lassante, sa foi et sa pratique religieuse. Quant à Renaud Camus, en raison de ses positions politiques sur « Le grand remplacement », il est carrément mis à l'index, tricard, n'a plus d'éditeur, comme Pascal Sevran à la fin de sa vie qui, lui, avait l'éditeur Albin Michel mais dont les émissions de télévision étaient supprimées.

J'ai cru à un piratage ou à une plaisanterie, mais mon psy m'a envoyé un mail pour me montrer un climatiseur en vente sur Internet, de la marque Beko. Il m'a même téléphoné pour m'en parler alors que nous nous rencontrons demain.

Il semble que le cancer de Florent Pagny récidive. Cet artiste, que je n'ai jamais apprécié, n'a pas de chance. Patrick Bruel prépare sa tournée 2024 à partir de son onzième album « Encore une fois ».

Après « Mongeville », je regarde un de mes épisodes préférés de la série « Le Saint », « Intermède à Venise ». Je l'ai vu pour la première fois le samedi 17 février 1973. Il réunit l'actrice canadienne Loïs Maxwell, qui a été « Miss Moneypenny », la secrétaire du chef de James Bond dans la période Sean Connery-Roger Moore, et donc la partenaire de ce dernier dans les sept Bond que Roger a tourné.

16 mars

Hier soir, j'ai terminé le livre de Chardonne et commencé le premier journalier de Jouhandeau : « 1957-1959 ».

J'ai fait un cauchemar embrouillé mêlant vivants et défunts : ma mère, son frère, mon cousin, sa demi-sœur qui est une lectrice de ce *journal*. Je peine à reconstituer ce rêve, où il est question d'un procès car ma mère et moi avions écrasé un chien. Le cauchemar mélangeait des éléments réels et imaginaires. Il y a eu dans ma famille un vrai procès, pour un autre motif, entre ma mère et une autre cousine, M., avec laquelle je suis fâché à mort. Mais ce qui est le plus absurde dans ce songe, c'est la présence en tant que vivants de mon oncle (décédé le 21 novembre 2018), et de ma mère (disparue le 8 juin 2021).

Mon rhume ne passe pas, il dure depuis une éternité. Cela devient lassant.

13h07
Message de ma fille : Lohan a une infection pulmonaire, demain il passe une radio à l'hôpital, il est sous antibiotiques. Il avait de la fièvre mais je ne m'attendais pas à quelque chose de semblable.

Claire me dit qu'il en déjà fait une dans son très jeune âge, et que cela s'est bien arrangé.

17h30…
Rarement, sortir comme aujourd'hui, pour le psy, m'aura autant énervé. Une perte de temps. J'ai pu voir un épisode de « Maigret », « Le fou de Bergerac », avec Caroline Cartier si belle et morte si jeune. Elle était la fille de Pascale Roberts et de Jean-Claude Pascal dans « Le

temps de vivre, le temps d'aimer », feuilleton du printemps 1973. Je n'ai pas trouvé sur Internet de quoi elle est morte, à 42 ans. Elle est malheureusement complètement oubliée.

Après le psy, je suis allé récupérer pour Claire un petit tableau, vraiment minuscule, que lui donne une valentinoise qui habite rue Barnave, non loin de l'endroit où j'habitais en location jusqu'en 2003.

21h05...
Je regarde le film « Le distrait » avec Pierre Richard tout en dînant.

Une fois le film terminé, je retrouve Roger Moore dans le tout premier épisode du « Saint » que j'ai vu de ma vie : « Le diamant ». C'était le vendredi 16 février 1973. A l'époque, je venais de découvrir le comédien dans « Amicalement vôtre » dont les douze premiers épisodes avaient été diffusés d'octobre à décembre 1972. J'ai un attachement particulier à cet épisode dont l'action se déroule à Amsterdam.

Je suis certain d'avoir vu Roger Moore dans un vieux film à l'époque à la télévision, soit « La dernière fois que j'ai vu Paris » (1954) de Richard Brooks, avec Elizabeth Taylor, soit « Mélodie Interrompue » (1955) de Curtis Bernhardt. Le problème, c'est que je préférais Tony Curtis à Roger Moore, et que je ne l'ai pas noté. Mes recherches dans les « Télé Poche » de cette période n'ont rien donné. J'ai en revanche noté tout ce que j'ai vu de Tony Curtis en ce temps-là. Disons qu'à partir de la découverte du « Saint », et plus encore l'année suivante avec celle de « Vivre et laisser mourir », son premier James Bond, j'ai suivi la carrière de Roger Moore qui est devenu mon acteur préféré.

Avant de dormir, je vais me replonger dans le tome 1 des *Journaliers* de Jouhandeau. Il est déjà bien tard, ou tôt comme on veut : 1h13.

17 mars

Le gouvernement d'Emmanuel Macron utilise l'article 49-3 pour faire passer à l'Assemblée nationale le projet de réforme des retraites.

Comme je l'ai déjà écrit, je suis contre le projet de réforme. Toutefois, je suis pour le maintien de l'état de droit, contre les violences, l'anarchie, le désordre.

Je n'ai pas mis de bulletin de vote pour Emmanuel Macron et ne me sens pas responsable de ce qui arrive. J'attends des nouvelles de Lohan.

Ma fille me rassure. S'ensuit une panne de mobile SFR. Après vérification auprès de leur hotline, il s'agit d'une panne générale dans mon secteur.

Où est le temps des PTT et de France Télécom ? Est-ce cela le progrès ? Ces interlocuteurs de hotline qui travaillent depuis l'étranger, maîtrisent mal notre langue, nous répondent souvent à côté ! Il y a sans doute toujours eu des pannes, n'enjolivons pas le passé, mais à l'heure de la technologie actuelle, nous ne les supportons plus. Quant au courrier, la distribution en est devenue lamentable.

Il fait toujours aussi frais, 17 degrés et des rafales de vent d'un hiver qui n'en finit pas. Cet hiver ne se contente pas d'être froid, il est triste.

Je retrouve aujourd'hui Caroline Cartier, dont je parlais hier, dans « Maigret et l'indicateur ».

Ma fille m'a souhaité la Saint Patrick. Ce que faisait ma mère.

Ce soir, je regarde « Monsieur Hire » de Patrice Leconte, avec Sandrine Bonnaire, comédienne pas vraiment jolie, mais que j'ai toujours trouvée très excitante. Elle a failli jouer le rôle de Sophie Marceau dans « La Boum ».

Le film m'a déçu, à part quelques scènes suggestives d'un érotisme inachevé avec Sandrine Bonnaire. Je termine la soirée avec « Le Saint » : « La route de l'évasion », qui me fit découvrir Donald Sutherland, quand je vis l'épisode la première fois, le vendredi 23 février 1973.

En me couchant, j'emporte Renaud Camus et Jouhandeau.

18 mars

J'ai rêvé qu'avec ma mère, nous étions invités par le journaliste de télévision Luciano Teodori (mari de la chanteuse Gigliola Cinquetti), non à Rome où il habite (ou habitait), mais dans une grande maison à la campagne. Gigliola faisait ensuite son apparition, n'évoquant que brièvement son passé de chanteuse en nous montrant quelques disques.

Il fait 16 degrés et encore un peu de vent, mais je me suis rendu à la médiathèque, puis au cimetière. Je ne m'y étais pas rendu depuis le 11 février.

En lisant Jouhandeau, j'écoute des disques de Peppino di Capri.

J'ai vu ce soir « Tir à vue » avec Sandrine Bonnaire, et « Tir groupé », que j'avais découvert au cinéma, film dont le tort est de faire mourir le personnage de Véronique Jannot au début. Heureusement, il y a des flash-back.

19 mars

Il semblait faire beau aujourd'hui, il y avait du soleil, mais seulement 16 degrés et un fond de l'air froid, un peu de vent. Je suis sorti acheter de l'eau pétillante. Puis suis resté sagement chez moi, écoutant Peppino di Capri et lisant Jouhandeau, après avoir regardé un « Maigret » moins intéressant que je croyais », « Le pendu de Saint-Pholien ». A présent (18h24), il pleut. Il va y avoir six heures de pluie, jusqu'à minuit.

Je regarde ce soir « L'enfer » de Claude Chabrol, film sur le drame de la jalousie.

20 mars

« L'enfer » s'est révélé un film bien décevant, avec une fin bâclée, « sans fin » a mis Chabrol au générique.

Ce matin, ma fille m'a appelé durant plus d'une heure. Je lui trouve un petit moral. Elle souffre d'un lumbago, et commence samedi à travailler.

Du côté des examens médicaux, on me cherche du côté de l'aorte et des voies coronaires, mais ce sont mes intestins (en compote) qui auront raison de moi.

C'est aujourd'hui le printemps, mais il fait 14 degrés.

21 mars

Cauchemar embrouillé mêlant un peu tout : Adamo, Etienne Daho (que j'ai vu tous deux en concerts), anciens collègues de travail, ex-épouse et son fils. Adamo était à Rochemaure et pour rejoindre Montélimar empruntait ce qui est aujourd'hui la passerelle himalayenne, autrefois le pont suspendu de Rochemaure. Dans le rêve, il était ouvert à la circulation comme dans mon enfance, alors qu'aujourd'hui, il est réservé aux piétons. Des collègues de travail parlaient d'un concert d'Etienne Daho, lequel sélectionnait ses spectateurs selon leur ethnie et leur allure. J'avais mon billet et m'y rendais avec mon ex-femme et son fils. C'est le genre de rêve absurde qui me laisse dans un état de confusion au réveil.

J'ai regardé hier soir un épisode de « Mongeville », « Parfum d'amour » (2017).

Ma fille m'appelle à l'instant, Lucas a une angine bactérienne et est alité.

Ce soir, j'ai regardé « L'hôtel de la plage », avec Sophie Barjac. Dans mon souvenir, elle y avait un rôle plus important. Myriam Boyer jeune était bien séduisante. Je l'ai plus remarquée que Sophie Barjac dans le film.

Je n'irai pas au psy jeudi, des débordements en marge des manifestations contre la loi Macron sur la retraite sont à craindre.

22 mars

Quatorzième cauchemar au sujet de mon entreprise, le précédent que j'ai fait était le 15 mars. Cette-fois, je faisais partie du Comité d'Entreprise, dont la secrétaire était l'ancienne déléguée syndicale CGT Arlette D. qui a dû partir vers 2008 dans mon souvenir, ou dans ces années-là. Dans ce rêve, vraiment stressant, je devais gérer une bombe atomique ! Le Comité d'Entreprise en avait la gestion. Avec de tels cauchemars, je ne pourrai pas intituler mon journal « Mes nuits sont plus belles que vos jours », comme s'appelait un roman de Raphaële Billedoux en 1985. Je ne pense pas à mon ancienne entreprise dans la journée, alors ces rêves sont incompréhensibles.

Ce matin, et sans que j'en sache la raison, mon moral est mauvais. Je suis déprimé. Il fait 13 degrés, beau dehors, soleil et ciel bleu, mais je n'ai pas envie de sortir.

Je regarde ce soir « Le baron de l'écluse » avec Jean Gabin. Film très agréable, attendrissant, attachant. J'ai bien aimé le personnage de Blanchette Brunoy.

23 mars

J'ai rêvé cette-nuit de Muriel Baptiste en Annunciata, la petite gitane de « La princesse du rail ».

Ce matin, je pense à Charlotte Kady, que j'aimais beaucoup à la fin des années 90 et qui a arrêté de tourner, qu'est-elle devenue ?

Hier, Emma a confirmé qu'elle était en train d'enregistrer son nouvel album.

Il me faut sortir faire des courses, je n'ai plus de fromage, de fruits, d'eau pétillante, d'escalope de poulet. Je n'aime pas sortir faire les courses.

Le beau temps n'arrive pas avec le printemps, il fait un temps gris et de la pluie est annoncée, le chauffage fonctionne toujours dans mon appartement.

Grand mouvement de grève aujourd'hui pour le retrait de la réforme des retraites, c'est la neuvième journée d'action. Le président Macron hier a mis le feu aux poudres avec un discours triomphaliste et arrogant.

Il ne retirera pas sa loi, les gens vont manifester, casser, se déchirer, triste France, triste pays. Il faisait bon y vivre pendant les trente glorieuses, l'avenir ne nous réserve rien de bon.

Les jours se suivent et se ressemblent...

Ce soir, je regarde la série « Mongeville », et ensuite je lirai Jouhandeau.

24 mars

J'ai fait un rêve étrange, dont je me suis demandé au réveil s'il n'était pas préférable à la réalité. Réveillé à 7h, je me suis rendormi jusqu'à 9. Sans doute un manque de sommeil, même si hier, je ne me suis pas couché tard, ou disons moins tard que d'habitude.

Dans mon rêve, il y avait ma grand-mère (décédée en 1983) et j'avais ma Lada (que j'ai eu de 1998 à 2001). La voiture n'était pas explicitement dans le rêve, mais le bouton pour actionner l'éclairage était semblable. Nous habitions sur une colline. La ville était accessible après avoir descendu une pente assez dangereuse. Dans le rêve, je conduisais de nuit et mes phares tombaient en panne lors de la descente.

En ville, il y avait une sorte de grand centre commercial où une jeune femme proposait de voir un remake de la série « Les Envahisseurs ». C'est d'ailleurs ce qui m'a marqué au réveil, je voulais aller voir sur Internet Movie Data Base quel était ce remake, quand j'ai alors réalisé que c'était un rêve. Dans la maison sur la colline, un couple célèbre (des personnalités politiques dont j'ai oublié les noms) venait nous rendre visite. Il s'agissait de gens de droite, ou du centre. L'homme était peut-être Jacques Attali, mais je n'en suis pas sûr, d'ailleurs Attali est de gauche. Le reste du monde ne savait pas qu'ils étaient en couple et ils nous l'apprenaient à ma grand-mère et à moi. La fille du centre commercial qui proposait de voir « Les Envahisseurs » était assez sexy.

En fait, il se passait plus de choses dans le rêve que dans ma vie réelle. Il est rare que je fasse un rêve aussi construit et aussi complexe.

J'apprends par Facebook le décès de Marion Game à 84 ans. Elle n'aura pas pris de retraite. Elle restera à la fois à la jeune fille sexy des « Bidasses en folie » et la vieille dame de « Scènes de ménage ».

Emma a révélé dans le documentaire « Sbagliata Ascendente Leone », dont je viens de voir l'extrait sans doute le plus dramatique, l'opération qu'elle a eu en septembre 2019. On lui a enlevé son second ovaire. On la voit pleurer. Il y avait plus gai concernant Emma ce matin, un article indique que lors d'une interview (sans doute faite hier et dont la vidéo circule sur le net), elle ouvre sa chemise et montre sa poitrine dont elle est fière à presque 39 ans. Mais malgré tous mes efforts, je n'ai pas trouvé ce film.

15h22 : Ma fille m'a téléphoné pendant presqu'une heure. Ce que l'on s'est dit ne regarde que nous.

Auparavant, j'ai appelé Alexandre C. de l'association franco-italienne au sujet du film avec Emma « Il Ritorno ». Il me préviendra s'il a une piste pour que je puisse le voir. Plutôt que d'avoir des pensées déprimantes, il faut que je pense aux seins d'Emma.

Demain, je vais passer la journée avec Lucas, mon petit-fils.

Rochemaure, 25 mars

Nous nous sommes rendus au restaurant chinois « à volonté » avec Lucas, puis au karting, qu'il a préféré à une séance de cinéma.

Ces deux activités se sont déroulées assez vite, moins qu'un repas au restaurant et qu'une séance de cinéma.

J'étais arrivé à Rochemaure à 11h30 et Lucas a voulu aller manger tout de suite.

J'ai fait du kart pour la première (et dernière) fois de ma vie, cela ne m'a pas du tout convenu. Problème pour mettre le casque avec mes lunettes, vitesse excessive de l'engin dans les virages, je n'ai pas du tout aimé cela.

Le problème est qu'ensuite, à part deux parties de cartes et un jeu de société, notre échange était terminé.

Il jouait avec sa PlayStation, et j'ai attendu le soir le retour de Voiron de Claire et Lohan (qui assistaient à un évènement sportif où Lucas ne voulait pas aller).

En fin d'après-midi, il a quand même que l'on aille faire des courses pour préparer un plat de riz avec la ratatouille et je ne sais plus quel assaisonnement.

Lohan, contrairement à son frère, se montre très affectueux et aurait voulu que je reste plus longtemps, mais avec ma fille, ils sont arrivés à 20h30, et je suis rentré chez moi à 21h30.

J'étais triste que Lucas ne vienne plus me voir le dimanche (ou le samedi), ce dont il dit ne pas se souvenir. C'est un adolescent (15 ans) et nous communiquons moins.

Je ne le cache pas, désormais, c'est Lohan que j'ai envie de voir, lorsqu'il me rencontre, il a une franchise, un émerveillement, un amour, qui ne trompent pas, et que sans doute en raison de sa crise d'adolescence, je ne retrouve plus chez Lucas.

Claire me dit que je n'accompagnerai pas Lucas à la gare TGV, comme elle l'avait demandé le 15 mars, pour son départ en Corrèze pour les vacances scolaires, étant donné que le train est à 7h17. C'est beaucoup trop tôt et elle l'emmènera directement. Elle aura peut-être besoin de moi au retour.

Valence, 26 mars

Il est 10h20, mais le changement d'heure m'a, comme sans doute beaucoup de gens, perturbé.

Quinzième cauchemar sur mon ancienne entreprise. J'ai rêvé notamment de deux collègues, Laetitia T. et Aurélie G. qui m'étaient hostiles, je retrouvais l'ambiance de stress du bureau.

Le bonheur est une notion relative. Claire n'est pas heureuse, soumise à la précarité. Lucas hier semblait fort perturbé qu'il manque telle ou telle chose dans le réfrigérateur. J'ai essayé d'y suppléer, achetant ce qu'il me demandait.

Le bonheur, c'est l'insouciance, par exemple la spontanéité de Lohan hier soir. Il se réjouissait de ma seule présence et nous nous amusions.

Ce soir, je regarde la version colorisée de « La cuisine au beurre » avec Bourvil et Fernandel.

27 mars

Le film d'hier soir n'était pas déplaisant, il me semblait qu'Anne-Marie Carrière, qui joue le rôle de la fiancée de Fernandel, revenait bien avant dans le récit et non quasiment à la fin.

J'ai fait un rêve sur des séances de cinéma qu'il ne fallait pas rater, il y en avait plusieurs. J'étais en couple. C'était un songe neutre, ni rêve, ni cauchemar.

Emma fera un concert le 1er mai à Rome. Depuis 1990, ce concert est organisé place Saint-Jean dans la ville éternelle. Les Italiens appellent cela « Il Concertone ».

Claire m'a assuré que Lucas était très content de sa journée de samedi avec moi.
Il fait vraiment froid pour la saison, 10 degrés avec un vent glacial. Claire devait occuper un emploi de vente de fruits en bord de route qui a été reporté d'une semaine (elle me dit ce matin peut-être de plus). Ce printemps qui tarde à arriver a une mauvaise influence sur mon moral.

28 mars

J'ai fait deux cauchemars violents cette nuit : dans le premier, il était question de « James Bond » (dont je n'ai pas vu de films récemment) où la fiction devenait une réalité dangereuse, les James Bond (différents candidats au rôle) étaient des tueurs. Puis à distance de deux jours, seizième cauchemar sur mon entreprise. Je trouvais dans des bosquets de verdure des dossiers concernant mon travail, tentait d'alerter sur leur présence, et personne ne s'en souciait. Dans ce cauchemar, je passais devant le bureau de ma supérieure hiérarchique, qui était enceinte (ce qui est improbable, elle a presque cinquante ans). Elle feignait de ne pas me voir pour ne pas me saluer. Je me suis réveillé groggy.

Il semble y avoir un problème de SMS qui n'arrivent pas sur mon téléphone portable : après le cardiologue, l'opticien Atol dit m'avoir prévenu le 24 mars que mes nouvelles lunettes étaient prêtes, je n'ai rien reçu, et je l'ai appris en téléphonant. Je m'y suis rendu et j'ai fait un détour pour me recueillir au cimetière. Il y a un mouvement de grève aujourd'hui et des CRS, ou des policiers, interdisaient l'accès aux voitures de la ville.

Sans mentir, je peux dire que je n'ai pas le moral.

Je l'ai échappé belle, une centaine de manifestants a bloqué la Nationale 7 mais aussi Valence 2 et ses alentours, c'est-à-dire là où je me suis rendu pour mes lunettes.

Ce soir, j'ai revu « Le cave se rebiffe » avec Jean Gabin (déjà regardé le 23 février). J'ai eu la bonne idée ensuite de mettre la chaîne RAI 2 : il y avait une émission de variétés animée par Nek « Dalla strada al palco ». Il y chante sa reprise 2015 de « Se telefonando » (chanson créée par Mina en 1966), dont les paroles sont de Maurizio Costanzo disparu ce 24 février et la musique d'Ennio Morricone. Il est dommage que ce chanteur n'ait fait que deux tubes, « Fatti avanti amore » et « Laura non c'é ». (Je dois parler de Nek dans mon *journal* 2015 à propos de sa participation au festival de Sanremo).

Ensuite, je me suis plongé dans « Le bonheur de Barbezieux » de Chardonne.

29 mars

Les livres de Chardonne sont trop courts. Je préfère Jouhandeau mais la médiathèque en a peu, et je ne peux continuer à acheter ses livres. Ou un de temps en temps, ils sont trop chers.

J'ai eu un appel (assez agressif) d'un opérateur de SFR (le numéro affiché était bien le 1023) me disant que mon offre chez eux allait être résiliée si je ne passais pas du « Très haut débit » à la fibre, car ils prévoyaient de démonter les installations qui me servent actuellement. J'ai refusé. En passant de Numéricable à SFR, j'ai perdu pendant un an les chaînes italiennes. S'ils me coupent la ligne, je prendrai la fibre chez Orange (qui propose le bouquet italien dans son offre).

Je regarde « Le gentleman d'Epsom » avec Jean Gabin.

30 mars

Hier, Claire m'a demandé de garder Lohan samedi mais m'a envoyé un message de contre ordre ce soir car elle ne travaillera que dimanche.

En allant au psy, j'ai eu tort de prendre mon manteau, il faisait 21 degrés, et 23 quand j'ai récupéré ma voiture.

Ce soir, je regarde « L'Alpagueur » avec Belmondo et Bruno Crémer. Très bon film, mais fin trop rapide.

31 mars

En me réveillant ce matin, j'étais mieux dans mon sommeil que dans la vraie vie. J'ai compris après coup, assez rapidement, ce que je ressentais. J'ai rêvé que ma mère était vivante. Ce n'était pas la dame handicapée des dernières années mais celle avec laquelle j'ai vécu une grande partie de ma vie. Claire a un temps remplacé ma mère à son décès, mais sa vie l'a ensuite conduite à des problèmes qui l'ont rendue moins présente.

Je n'ai pas été chanceux en amour, mais j'ai été un fils heureux.

Ma mère m'a eu tard, à 37 ans, mais a vécu jusqu'à 99 ans. Depuis le 13 avril 2012 et sa chute, elle était handicapée. C'est arrivé bêtement, et ce fut un peu ma faute, et de notre aide-ménagère de l'époque, Sabine P., qui ne vidait jamais la poubelle de la salle de bains. Je m'en insurgeais ce 13 avril au matin (mais aurais pu et même dû m'en occuper), ma mère, avec sa canne tripode voulut (alors que j'étais parti travailler) vider la poubelle et tomba.

Les huit ans et demi qui ont suivi ne furent pas heureux. Ma mère, en fauteuil, se sentait diminuée, tributaire des infirmiers.

Si je veux être heureux encore avant de mourir, il faut que je pense à moi et que je sois égoïste. Il ne faut pas attendre que les autres fassent notre bonheur, c'est ce que ma fille m'a dit il n'y a pas longtemps.

Je suis athée, mais peut-être ma mère veille-t-elle sur moi depuis quelque part ? J'ai eu un petit signe aujourd'hui, où le ciel est gris, l'appartement silencieux, et alors que je me préoccupais d'un petit paquet recommandé venant d'Italie, avec les transporteurs d'aujourd'hui, je craignais de ne pas être là, de devoir le récupérer à la poste. On l'a déposé dans ma boîte aux lettres. C'est un CD de Peppino di Capri « Le donne amano » qui manquait à ma collection. La seule chose qui pouvait me tranquilliser en l'instant a été faite. Je vais devoir être plus prudent avec mes finances, entre les CD, les livres, les cadeaux à mes petits-fils, les dépassements d'honoraires médicaux, et les petits ruisseaux qui font de grandes rivières en matière d'argent.

En mars, j'ai trop dépensé pour diverses raisons, et vais devoir serrer la ceinture en avril.

Je me demande pourquoi je n'avais pas vu jusqu'à ce jour le film « J'ai épousé une ombre » avec Nathalie Baye, sorti en 1982, d'après le roman de William Irish (comme « La sirène du Mississippi »). Je l'ai découvert ce soir avec 41 ans de retard et avec ravissement. J'adore Nathalie Baye et l'écrivain William Irish. Voilà une œuvre qui va devenir un de mes films culte, et je pense le revoir souvent. Il me fait penser à deux films que j'adore : outre « La sirène du Mississippi », « Pas de printemps pour Marnie » avec Sean Connery, film d'Alfred Hitchcock qui a pour thème également l'usurpation d'identité.

Le mois d'avril qui commence demain, entre la situation de Claire et mon scanner du cœur le 28, ne me fait pas sauter de joie.

1er avril

Claire commence à travailler demain jusqu'à fin août.

Le printemps ne se décide pas à arriver, il fait toujours aussi froid.

Malgré la belle Nathalie Baye, je n'ai pas aimé « Le retour de Martin Guerre ».

3 avril

Hier soir, j'ai vu deux films de Claude Chabrol : « Landru » avec Charles Denner, que j'ai trouvé long, académique et ennuyeux, et « Que la bête meure », bien au début mais dont la seconde moitié m'a déçu.

Je me réveille d'un dix-huitième rêve sur mon ancienne entreprise, confus et où il ne se passait pas grand-chose. Les locaux étaient déserts, je devais débuter avec un collègue une nouvelle activité qui tardait à commencer.

Après le cauchemar du 28 mars, j'avais fait un autre rêve qui se déroulait vaguement dans mon entreprise, donc le 17e, mais dont je ne me souvenais pas au réveil, et où le lieu n'avait pas en soi d'importance.

Le film du soir, « Docteur Petiot », avec Michel Serrault, est bien mauvais.

4 avril

J'ai encore rêvé de ma mère, vivante et encore jeune, qui venait me rendre visite. Dans ce rêve, j'avais, dans un hôtel ou une location à la journée, discuté avec une dame dont l'enfant était gravement malade. J'avais laissé mes coordonnées (téléphone et nom) à cette femme afin qu'elle me tienne au courant de l'évolution, si elle le souhaitait.

15h49 message de ma fille : « Je suis congelée !!». (Avec deux points d'exclamation).

21h48 autre message : « Je finis juste de ranger linge/vaisselle etc. »

J'ai regardé un épisode de « Mongeville », « Retour au palais ».

Rochemaure, 5 avril

Merveilleuse journée avec Lucas et Lohan, nous avons joué au « football » avec la balle en peluche de la chienne, et passé une après-midi extraordinaire. Quel bonheur d'être autant aimé par mes petits-fils ! J'ai noté cependant lorsque nous avons commencé à jouer que j'étais essoufflé, il n'est peut-être pas inutile que je passe mon scanner du cœur.

Je suis venu garder Lohan pendant que Claire travaille. Nous sommes allés à la pharmacie récupérer une ordonnance pour elle, et un drive à Intermarché.

Je pensais qu'il faisait un temps plus clément, nous avons ouvert la porte-fenêtre, mais au retour à Valence, je me suis arrêté pour parler avec Claire à son stand de vente de fruits, elle était à l'ombre d'un grand rocher et au vent, elle avait froid.

Bien qu'il soit tard ce soir, j'ai voulu revoir « J'ai épousé une ombre ». Un film que j'ai découvert récemment et que j'aime beaucoup.

Valence, 6 avril

Claire m'a appelé : elle a toujours aussi froid et elle ne vend pas beaucoup de fruits et légumes.

Je me rends à pied chez mon psy car il y a une manifestation à Valence.

Ce soir, j'ai regardé « Mongeville », « Légende vivante ». Ce n'était pas palpitant.

7 avril

Très mal dormi, réveillé à 4 heures du matin.

Ce matin, Claire a fait des ventes de façon satisfaisante.

J'ai revu ce soir « L'homme en colère », avec Lino Ventura, ce que je n'ai pas eu l'occasion de faire depuis sa sortie en salles en 1979. Je n'ai pas aimé.

8 avril

Je me suis couché tard (presque 3h00 du matin) après avoir revu « Pas de printemps pour Marnie ».

J'ai fait encore un cauchemar sur mon entreprise, le 19e, dans lequel je réussissais l'examen de cadre, celui de la formation longue, examen où dans la réalité j'ai échoué à l'oral en 1988.

Je me suis rendu à la médiathèque et j'ai emprunté des DVD. J'ai regardé ce soir un premier film « L'appât », de Bertrand Tavernier, avec Marie Gillain et Richard Berry, tiré d'un faits divers sanglant, l'affaire Valérie Subra. J'ai trouvé le film sans saveur, très moyen.

9 avril

Claire a son jour de repos, elle ne m'appellera pas aujourd'hui, elle s'est rendue à un évènement festif automobile avec mes petits-enfants.

Je me suis fait livrer une pizza aux quatre fromages, ce n'est pas tous les jours Pâques. Mais ma santé me préoccupe, comme si je ne pouvais jamais avoir un peu de tranquillité. J'ai un problème de transit intestinal.

J'ai revu un très bon téléfilm de « Maigret », « L'ami d'enfance de Maigret » avec Jean-Pierre Darras, et en soirée « Le petit baigneur » avec Louis de Funès.

Pour terminer ce dimanche, j'ai regardé le concert d'Alessandra Amoroso « Vivere a colori tour ».

10 avril

20e cauchemar sur mon ancienne entreprise. J'y voyais ma responsable, qui depuis mon départ ne m'a jamais donné signe de vie, alors que j'ai travaillé pour elle de février 2010 à août 2020. Il manquait du personnel et je devais assurer un intérim. Le rêve est flou à l'heure où j'écris.

C'était le bureau tel que je l'ai connu durant des années, avec le stress qui l'accompagne.

Le problème de transit semble se résoudre ce matin.

J'ai regardé ce soir « Coup de tête » avec France Dougnac et Patrick Dewaere. J'ai été déçu, en dehors du plaisir de revoir la regrettée France Dougnac sur laquelle j'ai tant fantasmé adolescent. Puis le dernier concert d'Alessandra Amoroso, « Tutto accade a San Siro ».

11 avril

Temps gris ce matin, je suis obligé d'allumer la lumière à la salle à manger. On se croit à la Toussaint. J'ai fait un cauchemar que j'ai oublié.

J'ai regardé ce soir un film avec Gabin, « Le jardinier d'Argenteuil ». Je n'avais pas atteint une heure de métrage lorsque je me suis rendu compte que ce film était un ratage total. Après ce désastre, j'ai apprécié le concert de la chanteuse italienne Giorgia à Rome en 2008. Giorgia Todrani est une chanteuse qui alterne la pop (chantant souvent en anglais) et de la chanson italienne du genre qui me plaît. Mais en dehors de cela, je la trouve très excitante. J'ai parlé d'elle le 9 février car elle participait au festival de Sanremo.

12 avril

J'ai fait cette nuit mon 21e cauchemar sur l'entreprise où je travaillais. Ce rêve était un paradoxe temporel car il mélangeait plusieurs époques. Le directeur Marc P., qui est parti en retraite en 2005, était en activité, les délégués syndicaux CGT étaient ceux de 2013, j'étais le titulaire et Mireille D. ma suppléante. Le contexte était celui des dernières années (vers 2019) où il fallait un code pour faire des photocopies. Nous étions en 2023 et le directeur annonçait des tas de mauvaises choses, je provoquais une réunion d'urgence, nous étions un vendredi après-midi, il fallait faire un tract en toute urgence pour réagir, Mireille le rédigeait en présence d'élus CGT et je devais le faire photocopier à 200 exemplaires. Mais arrivé à une photocopieuse, je n'avais pas le précieux sésame, le code secret, et personne ne voulait me le donner. Même Pierre B. qui en 2018 m'a trahi en me prenant la place, ce que j'ai dû raconter dans mon *journal* de l'année en question « L'année blanche », et possédait le code, ne me le donnait pas. J'étais amoureux de Mireille D. comme dans la réalité, amoureux sans espoir (elle est mariée et heureuse).

Je pense que je suis resté à la CGT jusqu'à ce que l'on m'en chasse car j'étais épris de Mireille qui m'a (dans la réalité) écrit le mail suivant le jour suivant de ma démission, je suis parti le 25 octobre 2018, elle écrivait le lendemain :

Bonjour,

Je trouve vraiment dommage que tu nous quittes... surtout dans ces circonstances... Le fait que l'on t'a demandé de quitter ton poste n'avait, à ma connaissance, rien de personnel contre toi, mais d'après ce que j'ai pu comprendre, certains (qui ont quitté le syndicat depuis d'ailleurs !!!) voulaient un syndicat plus jeune, ils pensaient qu'en changeant les têtes de listes, la CGT pourrait attirer de nouveaux syndiqués. Bonne continuation ! Et merci pour toutes ces années à la CGT ! Tu as effectué un énorme travail. Si tu veux changer d'avis, les élections approchent, nous serons nombreux à t'accueillir. Amitiés, Mireille.

J'ai recopié le mail d'époque que j'ai toujours gardé, en corrigeant seulement les fautes d'orthographe.

Je n'ai plus de nouvelles de Mireille depuis des années et j'ignore ce qu'elle devient.

Dans ce cauchemar, j'étais vivant, j'avais quelque chose à défendre, alors que dans ma vraie vie, il me semble être déjà à moitié mort.

Le soir, après un film avec Lino Ventura décevant, « L'arme à gauche », je me suis régalé avec un concert d'Alessandra Amoroso, « Amore Puro Tour ».

13 avril

Encore une journée de mobilisation contre la réforme des retraites. La douzième.

Le soir, j'ai voulu regarder « Un crime au Paradis » de Jean Becker, qui est un bon film, mais j'ai été perturbé en me connectant sur ma déclaration de revenus en ligne. Après la scène du meurtre, j'ai eu du mal à me concentrer, sur le film qu'il faudra que je revoie.

14 avril

J'ai mal dormi. J'ai pris rendez-vous avec les impôts vendredi prochain le matin. Le soir, après avoir vu la fin de « Un crime au Paradis », j'ai apprécié Giorgia dans le concert « Live ladra di vento ».

15 avril

J'ai rêvé de ma mère cette nuit, elle était assez jeune, comme lorsque j'étais adolescent.

J'ai regardé ce soir « Le corbeau » de Clouzot avec Pierre Fresnay, puis le concert Radio Italia Live 2021 d'Alessandra Amoroso. Je commence à me familiariser avec le répertoire de la chanteuse.

16 avril

Il fait un vent dément ce matin, je pense à Claire en train de vendre ses fruits. Cette-nuit, j'ai rêvé que sortait un nouveau « James Bond », dans la lignée des films américains violents, avec un nouvel acteur, un jeune inconnu.

Avec le temps qu'il fait, on ne se croit pas au printemps mais à la Toussaint.

J'ai décidé de revoir les films avec Sean Connery. Après « Pas de printemps pour Marnie », j'ai vu « Les Incorruptibles ». Je ne me souvenais pas que cette adaptation était aussi violente.

Je regarde ensuite Giorgia dans le concert MTV Days 2012. Je la regarde autant que je l'écoute. C'est une femme très excitante, vraiment sexy.

17 avril

J'ai regardé ce soir, après une journée sans histoires, « Mongeville » : « Séminaire à vif ». ». Puis deux émissions TV italienne de 2019 sur Peppino di Capri, « Una canzone per te » et « La vita in diretta ».

18 avril

Plus la date du passage du scanner le 28 avril approche, plus j'angoisse. Je n'ai plus envie de me lever le matin. Toutes mes journées se ressemblent. La situation précaire de Claire, mes finances, tout est sujet à inquiétude. Je n'arrive plus à raisonner sans sombrer dans la panique.

Film du soir : « La Planète des singes ». La musique de Jerry Goldsmith rappelle parfois celle qu'il composa pour « Morts suspectes ».

C'est la première fois que je vois un film de cette série. Le film est bon mais anxiogène.

Le 14 janvier, je disais que la musique de « L'homme qui en savait trop » devait faire l'objet d'un CD. Il est sorti aujourd'hui (au lieu de juin). Je ne peux l'acheter dans l'immédiat. J'ai de gros problèmes financiers ce mois-ci et comme je l'ai dit le 31 mars, je dois me restreindre. Ce jour, le réfrigérateur est vide ! Je commence à en avoir vraiment marre.

Je termine la soirée avec Emma et l'émission « La Mia passione », que j'avais vue le 28 février 2019. Il est curieux que je ne l'ai pas revue depuis.

19 avril

Je suis désemparé aujourd'hui, Claire s'en est aperçue. Il faut vivoter avec des pommes rissolées et trois boîtes de conserve qui se courent après. Ne plus faire d'achats alimentaires jusqu'au 30 du mois.

Le soir, j'ai regardé « A la rencontre de Forrester » avec Sean Connery. Loin de la violence des « Incorruptibles », un film où Sean incarne un écrivain célèbre qui vient en aide à un jeune écrivain prodige noir accusé à tort de plagiat par un professeur raciste, Crawford. Je le vois pour la sixième fois. L'avant-dernier film du comédien, en 2001.

Ce qui me gêne dans « Forrester », c'est le politiquement correct, ce que j'aime, c'est le côté mélodramatique façon « Cercle des poètes disparus ».

Le film me gêne par son côté bisounours antiraciste, avec de jeunes black tous gentils, Sean a produit le film. Le jeune héros Jamal Wallace est très loin de l'image voyou de Harlem, existe-t-il dans la réalité ?

Sean joue un ermite qui finit par se laisser attendrir, moins sauvage qu'il veut le faire paraître. La fin dramatique (si Jamal devient un grand écrivain, l'écossais Forrester est fauché par le cancer) n'est peut-être pas ce qu'il y a de mieux à voir pour moi en ce moment.

La scène où Forrester sauve Jamal de l'accusation de plagiat est grandiose. Il faut aussi saluer l'acteur F. Murray Abraham qui incarne le professeur Crawford, accusateur de Jamal et infâme salaud. En ce sens, le film finit mieux que « Le cercle des poètes disparus ».

J'avoue avoir ressenti un léger ennui vers le milieu du métrage, qui s'est dissipé ensuite. Je reverrai le film, qui fait partie des plus beaux que j'ai vus.

Détente après l'émotion avec Alessandra Amoroso pour un « Radio Italia live 2014 ».

20 avril

Cauchemar dans lequel il y avait le directeur de mon entreprise, mais le contexte n'était pas celui de mon ancien emploi. Je ne considère donc pas qu'il s'agisse d'un 22e cauchemar sur mon entreprise.

J'ai fait l'analyse de sang ce matin en vue du scanner.

00 :51 : Insomnie, je ne trouve pas le sommeil.

21 avril

23e cauchemar cette nuit sur mon entreprise, cela se passait en 1984, à une époque où nous allions manger chaque midi dans une cantine. J'y voyais deux collègues de l'époque avec lesquels je suis fâché depuis, Denis S. et Jean B., et au réveil j'ai eu un goût de profonde amertume.

Je me suis fâché avec ces collègues avant qu'ils partent en retraite. L'ambiance s'était dégradée les dernières années.

J'ai rendez-vous aux impôts à 11h50 pour ma déclaration de revenus.

Je vais faire des courses cet après-midi.

Le rendez-vous avec le contrôleur des finances publiques s'est bien passé. Il m'a fait ma déclaration d'impôts.

J'ai regardé ce soir « Lacombe Lucien », film que j'avais vu une fois il y a des années. Ce film m'avait permis de connaître Aurore Clément. J'ai trouvé le film ennuyeux, long, interminable, il ne se passe pas grand-chose. Pour être franc, dans ce film de plus de deux heures, seules les très courtes (et pudiques) séquences de nudité de l'actrice Aurore Clément m'intéressent. C'est peu. Je ne me souvenais que de cela au sujet de ce film.

22 avril

Il fait gris et froid, 13 degrés dehors, la chaudière se déclenche ce matin. J'ai fait un rêve embrouillé où il était question du déclin de la carrière de Lara Fabian qui ne sort plus de disques.

J'ai eu Claire au téléphone qui a froid en raison du vent glacé et fait de modestes ventes.

Ce soir, j'ai poursuivi mon festival Sean Connery avec « La Maison Russie » (1990), film romantique où il a pour partenaire Michele Pfeiffer. Un anti James Bond. Il y a sans doute la plus belle musique de toute la carrière de Jerry Goldsmith. Le film est un peu lent. Je l'ai revu ce soir pour la sixième fois, il est quand même assez soporifique. La musique de Goldsmith et la présence de Sean ne sauvent pas tout. C'est bien trop bavard. Je me demande si hier soir, « Lacombe Lucien » n'était pas nettement mieux.

Ce soir, j'ai dans la tête les paroles d'une chanson de Nino Ferrer de 1982, « Rondeau ».

Au fil de l'eau les jours s'en vont
Un jour, un autre et la semaine
Doux noyés au fil de la Seine
Je suis le badaud sur le pont
Je suis le noyé vagabond
Le jour de l'An, Noël emmène
Au fil de l'eau les jours s'en vont
Un jour, un autre et la semaine
Crachons dans l'eau pour voir le rond
Pleurons ta jeunesse lointaine
Cœur fou qui court la prétentaine
L'eau ne revoit jamais l'amont

Au fil de l'eau les jours s'en vont

La scène finale (happy end) de « La Maison Russie » me bouleversera toujours. L'éditeur britannique que joue Sean trahit son pays pour sauver celle qu'il aime et y parvient.

J'ai ensuite regardé « Angélique marquise des anges ». Je ne l'avais jamais vu. C'est bien mais ce premier film ne me donne pas envie de voir les suites.

23 avril

Cauchemar cette nuit dans laquelle je retrouvais le médecin de mon enfance, le docteur Panizian. Il devait me faire passer un scanner. Un rêve embrouillé qui m'a fait me réveiller à 5h00 avant de me rendormir.

Il pleut ce dimanche, c'est une journée sinistre.

J'ai regardé pour la 9e fois « Mille milliards de dollars », revu la dernière fois le 3 mars. Je ne me lasse pas de ce film. L'un des personnages, Jacques Benoît- Lambert (interprété par Robert Party), meurt de la même façon que Robert Boulin, meurtre maquillé en suicide. J'ai regardé à la suite le téléfilm « Crime d'état » (2012) avec François Berléand, qui penche pour la thèse de l'assassinat de Boulin. Dans le film de Verneuil, Benoît- Lambert est tué par les agents d'une puissance étrangère qui veulent faire une affaire avec une multinationale, dans le téléfilm, c'est le RPR et Jacques Chirac qui commanditent, par le biais de l'organisation SAC le meurtre de Boulin. Le téléfilm est particulièrement ennuyeux.

24 avril

J'ai rêvé de Muriel et de mon ami David cette nuit mais ne me souviens de rien. Je n'ai plus envie de me lever le matin, je suis mieux dans mon sommeil.

Sur Facebook, j'apprends qu'Emma sort un nouveau single le 28 avril, « Mezzo mondo », et que le 8ᵉ album sortira soit en fin d'année, soit pour le festival de Sanremo 2024 où Emma voudrait être en compétition.

Rendez-vous avec la podologue aujourd'hui, qu'est-ce que cela peut m'agacer ! Le syndic me répond que le plombier doit me contacter aujourd'hui impérativement pour la colonne des eaux usées à remplacer. Cela attend depuis décembre.

J'ai hâte que mon scanner de vendredi après-midi soit passé.

Ce soir, j'ai regardé « L'été meurtrier ». Puis deux films que j'adore et n'ai pas vu depuis plus de vingt ans : « L'invasion des profanateurs de sépulture » et « La guerre des cerveaux », je les avais en VHS. C'est la fête ce soir : j'ai trouvé par miracle ces deux pépites sur Internet.

25 avril

Depuis hier soir, j'ai des névralgies à la tête, je prends du Doliprane 1000.

Je me suis rendu à l'hôpital afin de savoir l'endroit exact où je dois me rendre vendredi. D'un coup d'un seul, la chaleur arrive, 20 degrés, pas de vent. J'ai un mauvais pressentiment, celui que ce *journal* ne paraîtra jamais, que je vais mourir cette année.

J'ai peur.

Pour me calmer, j'ai regardé ce soir les 59 premières minutes du concert de la chanteuse italienne Annalisa Scaronne (connue sous le seul prénom d'Annalisa) à l'Alcatraz de Milan qui fut retransmis en direct par la chaine RTL 102.5 le 19 mai 2018.

26 avril

Je n'ai plus envie de me lever le matin, c'est une corvée. Claire est très fatiguée, et je trouve sa voix éteinte, elle ne dort pas assez.

Le Wikipédia italien de Peppino di Capri était incomplet. J'ai fait un gros travail pour indiquer le détail des CD car je les possède tous. Mais je n'ai pas que des amis en Italie, et Wikipédia se comporte comme une secte. Ils ont effacé tout le travail que j'ai fait (qui représentait des heures) et m'ont bloqué. Qu'ils aillent au diable ! Je suis sans doute idiot de me préoccuper de tout cela quand ma fille est en galère et que je dois passer le 28 un examen du cœur.

Peppino a sorti exactement 40 albums studio et 3 live, Pour 9 albums studios, qui à la différence des 31 autres ne sont pas détaillés, j'ai listé les titres, la durée, et tout cela m'a valu un bannissement de Wikipédia Italie ! Honte à ces gens qui me reprochent d'être français, de commettre quelques fautes d'italien, et ne sont pas capables d'écrire les articles en question ! Ils ont même effacé l'article sur le 19e album, de 1976, « E comincio cosi », qui était en ligne depuis des mois ! A 83 ans, Peppino di Capri ne doit même pas savoir ce qu'est Wikipédia ou s'en moquer, mais ses fans sont détestables. Je possède des disques made in Argentine et Brésil de Peppino, j'ai tout, ce sont vraiment des imbéciles, et me demande s'il ne s'agit pas d'une réaction anti-française.

27 avril

J'ai rêvé de Cindy cette nuit.

Je ne m'étais pas rendu au cimetière depuis le 28 mars. La plante est fichue. J'en porterai une autre à ma prochaine visite.

28 avril

J'ai rêvé de Roger Moore à l'époque d'Amicalement vôtre. Je me suis réveillé avec un fort mal de tête qui me suit depuis le 24 avril.

Je n'aime pas « Mezzo mondo », le nouveau single d'Emma.

Vivement que cet examen soit passé, j'en suis malade.

17h10 : examen passé, voies coronaires bouchées à 40%, à surveiller. Au scanner, une femme née en 1981 (donc 42 ans) venait après un cancer du sein prendre un rendez-vous car elle a une tâche au foie.

J'ai regardé ce soir à nouveau « La guerre des cerveaux ». Je ne m'en lasse pas.

29 avril

Les névralgies à la tête m'ont réveillé. Elles passeront. J'ai pris un doliprane. J'ai rêvé cette nuit que je me réconciliais avec mon collègue de travail Jean B., avec lequel j'ai travaillé de 1984 à 2010 (ou un peu avant), j'en parlais le 21 avril. Il n'y aura pas de réconciliation avec lui, tant pis !

J'ai vu ce soir « Voulez-vous danser avec moi ? » avec Brigitte Bardot et « L'invasion des profanateurs de sépulture ».

30 avril

A nouveau, mais de façon plus importante, les névralgies ont gêné mon sommeil. Je me suis efforcé de rester couché jusqu'à dix heures du matin, car hier j'ai dormi l'après-midi, ce qui est inhabituel chez moi.

J'ai regardé ce soir mon film préféré de tous les temps, « Morts suspectes », avec Geneviève Bujold, en Blu-ray. C'est la vingtième fois que je le vois.

1er mai

Réveil douloureux à 6 heures du matin, toujours la névralgie.

A 15h20, sur RAI 3, Emma donne un concert en direct depuis Rome. Mais il faut assister auparavant à un défilé d'artistes inintéressants, et cela se termine à...0h15 !

J'ai aimé la jupe courte d'Emma, rouge, mais pas ses yeux trop maquillés. Il m'a semblé que le public n'était pas chaleureux, à la différence de la présentatrice de la journée, l'actrice Ambra Angiolini. Comme dans la période pré-covid, Emma est descendue dans le public, où des fans, majoritairement féminines, l'ont enlacée. Il y a eu la pub après un medley et sa nouvelle chanson « Mezzo mondo », ce qui fait que l'on n'a pas vu Emma saluer le public. Lazza, avec qui elle faisait un duo au festival de Sanremo, a fait sa prestation. Emma est revenue alors saluer sa mère, son frère, et a fait un salut à son papa au ciel. Elle a dit alors au revoir.

Après l'avoir vue, j'ai regardé « Le Président », avec Jean Gabin et Bernard Blier, film que j'ai beaucoup aimé.

2 mai

Il y a des rafales de vent ce matin comme en plein hiver. Claire n'appellera pas aujourd'hui, elle a oublié sa batterie externe pour recharger son téléphone.

Pour remplacer « Maigret », j'ai choisi « Mary Lester ».

J'ai regardé ce soir « Compartiment tueurs » de Costa-Gavras.

3 mai

L'entreprise va venir demain remplacer la colonne des eaux usées dans la chambre d'amis.

Ce soir, j'ai regardé « Un meurtre est un meurtre », d'Etienne Perier, avec Jean-Claude Brialy, Robert Hossein, Stéphane Audran et Michel Serrault. Dans mon souvenir, c'était un très bon film, mais je me suis ennuyé.

4 mai

J'ai rêvé de mon parrain, qui était le frère de ma mère, donc mon oncle. Il est mort en 2018. Je l'ai bien retrouvé dans ce rêve, avec ses idées de grandeur. Il avait un caractère assez particulier.

Sur le Wikipédia italien de Peppino di Capri, j'ai été débloqué hier. Le bannissement n'était pas définitif. Mais mes articles posent des problèmes. Un intervenant souligne que l'italien n'est pas ma langue maternelle et que je ferai mieux d'écrire sur le wikipédia français, oubliant ou ignorant que le chanteur est inconnu chez nous et n'intéresse personne ici.

J'ignore pourquoi huit albums du chanteur ne sont pas mentionnés dans le wikipédia italien. En voulant corriger cette omission, j'ai déclenché un débat. Même un début de polémique.

Mes finances m'ont permis de commander hier soir le cd de la musique de « L'homme qui en savait trop », dont je parlais le 14 janvier puis le 18 avril.

L'entreprise de plomberie envoyée par le syndic a changé ma colonne des eaux usées. Mais une mauvaise surprise m'attendait : le facteur m'a remis une lettre recommandée pour une infraction routière en Italie à Turin le 5 juin 2021. J'ai déjà reçu et payé une amende pour ce jour-là en 2022.

5 mai

Ce matin, je me suis rendu à la poste pour adresser une lettre recommandée internationale avec accusé de réception à la police italienne avec toutes les preuves du paiement de mon amende.

A 14h30, rendez-vous chez le coiffeur, mes cheveux ont vite poussé, surtout dans la nuque, ce qui m'agace.

Le problème d'avoir vieilli, et perdu mes cheveux, c'est que les séances de coiffeur durent très peu de temps. Or, il m'est souvent arrivé d'être coiffé par des jeunes femmes excitantes, qui me permettaient ensuite d'alimenter mes plaisirs solitaires, ces demoiselles devenant selon mes fantasmes des dominatrices ou des dominées, mais je parle là d'un temps assez lointain. Celle du jour était désirable à souhait, mais je suis resté trop peu de temps à mon goût.

Je me suis rendu à Botanic, magasin de fleurs, acheter un pot de dipladénia rose, et l'ai porté sur la tombe de maman. L'employée qui m'a renseigné afin de savoir quelle plante mettre pour l'été était quelconque. Comment se fait-il que ce soit dans les salons de coiffure que l'on trouve les allumeuses ?

Il fait 27 degrés, on passe de l'été à l'hiver sans printemps.

J'ai regardé ce soir un épisode de « Mongeville », « Meurtre à la une ».

Ensuite, j'ai voulu revoir le film de Robert Enrico « Zone rouge ». J'étais allé le voir au cinéma à sa sortie plusieurs fois. Il s'agit d'un thriller écologique avec Sabine Azéma, Richard Anconina et Jean Bouise. Le film a très mal vieilli. A l'époque, cela m'avait passionné et aujourd'hui je trouve cela long et ennuyeux.

Ils ne sont pas si nombreux les films que l'on a envie de voir et revoir.

6 mai

Sur Wikipédia Italie, j'étais bien victime d'un italien anti-français. Un administrateur a validé mes articles sur les 8 albums studio de Peppino di Capri dont j'ai créé les textes.

A la suite de cette mésaventure, je ne recommencerai pas, mais je suis satisfait que tout le travail fait en matière d'information sur le chanteur napolitain ne soit pas perdu.

En 2007, j'avais hésité à aller voir au cinéma le film de science-fiction français « Chrysalis » avec Albert Dupontel et Marthe Keller. Ceci en raison des critiques négatives. J'ai bien fait d'économiser mon argent, ayant regardé le film aujourd'hui. Cela dit, les critiques de l'époque sur le manque de moyens n'étaient pas fondées. Le film est disons-le à la fois trop violent et semblable au cinéma moderne que je n'aime pas, mais on ne peut lui reprocher par rapport à ses équivalents américains un manque de budget. Par ailleurs, je n'aime pas Dupontel, ce qui avait joué dans ma décision de ne pas aller voir le film dont le thème pourtant m'attirait.

Dans « Chrysalis », il y a des effets spéciaux, et des moyens qui n'ont rien à envier aux films américains de ce genre. Le problème est la trop grande violence, des scènes de cruauté inutiles, et un scénario qui n'est pas à la hauteur de l'ambition des auteurs.

Claire m'a fait envoyer par un site pharmaceutique en ligne sur Internet un objet pour soulager les névralgies, il s'agit d'une sorte d'une thérapie par le chaud, sous forme de bulles de plastique dans un sac façon cataplasme à chauffer au four micro-ondes. Elle m'a demandé de venir mercredi pour garder Lohan. Elle me dit qu'elle va dormir demain matin, étant très fatiguée par ses journées de travail harassantes.

Heureusement qu'il y a des films, séries à voir et des CD à écouter car il est difficile aujourd'hui d'échapper au couronnement du roi Charles, présent sur toutes les chaînes de télévision.

Très bon film ce soir avec « La valise » de Georges Lautner. Il est étonnant que je ne me sois jamais intéressé à Mireille Darc.

7 mai

Claire s'est fait arracher une dent de sagesse qui lui donnait de gros soucis.

Je me suis régalé ce soir en voyant le film « Laisse aller, c'est une valse », avec Mireille Darc, Jean Yanne, Jean Constantin et Bernard Blier.

8 mai

J'ai fait un cauchemar qui m'a fortement agacé. De plus, c'est la suite d'un autre cauchemar fait ces jours-ci que je n'avais pas mentionné sur ce *journal*.

Je rêvais que j'avais emprunté des livres à une bibliothèque, les avais rendus, et que l'on me les réclamait. Dans le rêve, ma mère venait avec moi pour émettre une protestation, mais on n'en tenait pas compte.

Ce cauchemar a deux sources dans la vie réelle : d'une part, la mise en demeure reçue pour une amende payée pour l'excès de vitesse en Italie (je refuserai désormais toute lettre recommandée venant de la police italienne), d'autre part, en rendant le DVD « Le jardinier d'Argenteuil » à la médiathèque, il apparaissait comme toujours emprunté à la suite d'un bug informatique de leur part, ayant ce jour-là restitué plusieurs DVD.

Très bon film ce soir avec « La Main à couper », interprété par Michel Serrault, Bernard Blier, Michel Bouquet.

J'ai ensuite regardé un film fort triste, « La Peau douce » de François Truffaut avec Françoise Dorléac et Jean Desailly, mais cela m'a fait me coucher très tard (00h40). Même à la retraite, il faut que j'aie des horaires moins décalés. Après-demain, je vais à Rochemaure.

9 mai

La bonne nouvelle du jour, c'est que « Il Ritorno », le film avec Emma, sort en DVD en Italie le 27 juin, et sera disponible sur Amazon.it.

J'ai regardé cette après-midi le film « Z » de Costa-Gavras.

Demain, je me rends à Rochemaure.

Ce soir, j'ai vu un excellent film d'Henri Verneuil, « Le Serpent ».

Rochemaure et Viviers, 10 mai

24e cauchemar cette nuit sur mon ancienne entreprise. Le précèdent date du 21 avril. Cette nuit, j'ai rêvé que l'ancien directeur-adjoint me demandait sous quelles modalités j'allais quitter l'entreprise un peu comme cela s'est passé dans la réalité. Je n'ai pas compté dans les cauchemars sur mon ancien travail celui du 29 avril concernant Jean B. (un collègue de travail), mais le cauchemar n'avait pas de rapport direct avec mon ancienne entreprise.

Je me suis rendu à Rochemaure pour garder Lohan qui était seul ce matin. Je devais venir le chercher au stand de vente de Rochemaure, mais son frère n'ayant pas de cours au lycée, j'ai pu arriver plus tard. Cependant, Claire au su au dernier moment qu'elle travaillait aujourd'hui à 20 kilomètres plus loin que d'habitude, à Viviers.

L'après-midi, nous sommes allés avec Lucas et Lohan voir un film « Super Mario Bros », 28e film avec Lucas depuis 2015 et 7e avec Lohan depuis 2021.

Nous étions à Cruas, au cinéma « Le ciné ». Pour le reste, je préfère oublier cette journée en demi-teinte. Elle avait mal commencé par un cauchemar. Ma fille était à Viviers, à un carrefour vers Aubenas et a fait une mauvaise recette pour vendre ses fruits.

J'ai trouvé que mes deux petits-fils et en particulier le second appréciaient ma présence, mais pas autant que d'habitude. Ils se sont beaucoup disputés. Ma fille m'a offert un CD avec un petit mot gentil. Je n'en dirai pas plus.

Ce soir, j'ai regardé un épisode de « Mongeville », « La porte de fer ».

Valence, 11 mai

J'ai fait des cauchemars, je suis fatigué ce matin. Je n'ai envie de rien.

La sécurité sociale m'annonce que pour le paiement des feuilles de soin, il y a un délai de deux mois environ. Pas étonnant que je ne sois pas remboursé de la pédicure.

Du mauvais temps est annoncé par la météo pour les jours à venir.

J'ai l'impression d'être passé à côté de ma vie.

David appelait trop à une époque, mais à présent, il semble m'avoir complètement oublié. Cela dit, il ne me manque pas. Ses appels étaient beaucoup trop longs.

Les jours qui arrivent ne semblent pas se présenter sous les meilleurs auspices. Il faudra faire avec.

Je trouve que Claire devient aigrie. Elle n'est pas heureuse. Et a un travail ingrat. Malheureusement, à part l'écouter, je ne peux rien faire pour elle.

Au journal de 13h00, il est à nouveau question du quartier de Fontbarlettes à Valence, où un règlement de comptes a fait un mort et un autre homme grièvement blessé. Cela devient l'un des lieux les plus dangereux de France.

La secrétaire de la cardiologue m'a appelé : on me prescrit un médicament supplémentaire à la suite du scanner, et elle m'a envoyé le compte-rendu fait au médecin traitant. A la pharmacie, on m'a expliqué que le médicament est de l'aspirine qui sert à fluidifier le sang, on peut aussi se le procurer sans ordonnance.

Je regarde une série de 1972, « François Gaillard ou la vie des autres » avec Pierre Santini.

Je suis en train d'écouter le CD « Trio Melody » : « Ma che ne sai se non hai fatto il piano bar ». Peppino di Capri y chante en trio avec Gigi Proietti et Stefano Palatresi. Wikipédia Italie considère qu'il ne faut pas le compter dans la discographie de Peppino, mais comme unique album du trio.

J'ai regardé la fin du concert de la chanteuse italienne Annalisa, « Live dell'Alcatraz de Milan », dont j'avais vu la première partie le 25 avril (Je l'ai mentionné dans le *journal*). Puis enchaîné avec le film « Le Grand chemin » avec Anémone et Richard Bohringer, qui est très émouvant.

12 mai

Philippe dont j'ai parlé dans mes *journaux* 2015 à 2019, et que j'ai mentionné le 11 janvier dans le présent livre, m'a envoyé hier les 12 clips restants de la chanteuse Annalisa, nom de scène d'Annalisa Scarrone. Il m'en avait déjà adressé une partie, j'en ai maintenant 29, soit l'intégrale. Je suis resté jusqu'à 2h20 du matin pour chercher tous ceux de Giorgia Todrani sur Youtube, J'en ai à présent 43, la totalité je pense. Philippe m'en avait envoyé quelques-uns.

J'ai fait mon 25e cauchemar sur mon ancienne entreprise, où je ne suis pas retourné depuis le 14 août 2020. J'ai pris ma retraite le 1er mai 2022 au lieu du 1er octobre 2023 dans des conditions qui n'étaient pas volontaires. Dans ce 25e cauchemar, je rêvais que j'essayais d'y rester.

Le ciel est gris, nous n'aurons pas de printemps.

J'ai regardé aujourd'hui les clips d'Annalisa et de Giorgia, je préfère cette dernière. Pour Peppino di Capri, j'ai plus de CD qu'il n'a fait d'albums vinyle, même si certains ne sont pas réédités en CD. Il faut dire que j'ai des compilations, des CD hybrides mi-albums, mi best of, des live, etc.

Claire m'a appelé ce matin et cette après-midi assez longuement. Nous avons évoqué des souvenirs bien tristes, concernant ma mère, le frère de Claire Nicolas, et des tas de conflits familiaux. On a également parlé de sa mère, mais je n'en dirai pas plus ici.

J'ai regardé « Le Quart d'heure à américain », le film n'est intéressant que pour la prestation d'Anémone.

J'ai enchaîné ensuite les clips d'Alessandro Amoroso, qui sont nettement supérieurs à ceux d'Annalisa et de Giorgia : voix, qualité des chansons, des musiques.

Je pense à Juliet Berto ce soir. Fauchée par le cancer à 42 ans, qui se souvient d'elle ? La vie n'est qu'une vaste injustice.

13 mai

Je devais manquer de sommeil, car après m'être couché à minuit et endormi, je me suis réveillé ce matin à 9h30. Il pleuvait hier soir à verse, et Claire me dit qu'il y a eu de la grêle à Rochemaure.

J'ai fait deux cauchemars cette nuit.

Le premier sur mon ancienne entreprise. Vingt-six cauchemar sur l'administration où j'ai travaillé pendant trente-six ans, et ces rêves obsédants entre le 31 décembre 2022 et aujourd'hui me rendent perplexe. Je ne pense jamais à mon travail passé dans la journée.

Le deuxième cauchemar concernait une femme que je devais rencontrer. Elle avait laissé un message sur le téléphone fixe que je ne regarde jamais, disant qu'elle était d'accord pour un rendez-vous dans un restaurant, mais la date était dépassée depuis la veille.

J'ai tenté de trouver une compagne pendant des années, et la dernière fois en octobre 2021 en m'inscrivant dans une agence matrimoniale. On m'a présenté neuf femmes, et ce fut neuf échecs. Dans mes *journaux* depuis 2015, j'ai dû évoquer les agences où je me suis inscrit en 1985-86 et en 1997-98, sans parler des petites annonces publiées dans les années 1990-2000.

Par petites annonces, j'ai rencontré, en vain, quarante femmes.

J'ai à présent renoncé à poursuivre mes recherches.

Des femmes souvent peu avantagées par la nature m'ont reproché mon physique ingrat, selon elles.

Ce matin, Claire m'a appelé à 9h30 juste quand je me levais, et nous avons continué à égrener des souvenirs. Dont beaucoup seraient à oublier, des conflits familiaux avec mon ex-femme en particulier.

Ma fille vient de m'envoyer un message provenant de la radio locale France Bleu : il y a eu un troisième meurtre en quatre jours à Valence, et cette-fois pas très loin de chez moi, avenue de Chabeuil. C'est effrayant. Le procureur évoque la piste du grand banditisme.

La victime, trente ans, est connue de la police et de la justice, pour des faits liés au trafic de stupéfiants.

Qu'un trafiquant soit tué, cela fera une crapule en moins. Ce qui m'inquiète, c'est le fait qu'avec ces tueries à répétition, un innocent pourrait être victime d'un « dommage collatéral ».

Ma ville devient Chicago, en raison de racailles pour lesquelles la justice est laxiste. Et des partis comme LFI (La France insoumise) complices. Je me demande cependant si le gouvernement au pouvoir vaut mieux qu'eux !

Il fait enfin soleil depuis 16h00 mais je n'ai pas envie de sortir. J'ai été obligé de le faire ce matin car je n'avais plus de pain. Je suis bien chez moi.

J'écoute des CD de Peppino di Capri. Et enfin la musique du film « L'homme qui en savait trop », dont j'ai reçu le CD hier.

Ayant peu de goût pour ce qu'est devenu le concours eurovision, j'ai regardé « Le Placard » avec Daniel Auteuil.

Je pense ce soir au samedi 10 mai 2014 alors que j'étais à Tulle avec ma fille et Lucas. Elle m'avait permis de regarder Emma, représentante italienne au concours Eurovision de la chanson, et elle eut raison car à Valence, j'avais programmé mon magnétoscope qui n'a pas marché. Ma mère était déjà handicapée et avait été couchée par l'infirmier tôt dans la soirée.

J'ai terminé ma soirée en regardant des clips de Giorgia et son concert de 2004 « Ladra di vento ». Les chansons ne m'ont pas emballé, mais Giorgia en tant que femme très sexy oui.

14 mai

J'ai fait le rêve le plus marquant dont je me souvienne depuis longtemps : en me réveillant, je me suis même demandé s'il s'agissait d'un songe tant j'étais bouleversé.

J'ai rêvé de Muriel Baptiste, à laquelle j'ai consacré trois livres que personne n'a lu, « La reine foudroyée, « La vie, quelle gifle », « La conversation impossible ». Dans ce *journal*, j'ai rêvé d'elle le 29 décembre, le 9 février, le 23 mars et le 24 avril. Mais cette-fois, le rêve était une sorte de communication avec l'au-delà.

Je me promettais, dans le rêve, d'écrire un livre avant le *journal* 2023, et de l'intituler « Communication avec l'au-delà ».

Je me réveille à 9h30 avec l'esprit tout embrouillé.

La Suède a gagné le concours Eurovision, et Marco Mengoni pour l'Italie est arrivé 4ème, alors qu'Emma en 2014 était 21ème, ce que je trouve profondément injuste.

Peppino di Capri dont je parle souvent était 7eme en 1991 à ce même concours.

Claire et moi avons conversé trois heures au téléphone. Il fait toujours un temps gris, avec un soleil qui apparaît de temps à autre, jouant à cache-cache avec les nuages. Un vrai temps de Toussaint.

Pour ma soirée, j'ai regardé le film de Chabrol « Masques ». Le film ne dure qu'une heure trente-cinq, mais j'ai trouvé le rythme trop lent.

J'ai vu ensuite des clips de Giorgia avant de me coucher.

15 mai

Je me suis réveillé énervé ce matin. Mon sommeil a été perturbé, avec un réveil en pleine nuit à 3h57, je croyais alors que nous étions le matin. Je me suis rendormi.

J'ai mal au ventre, sans doute encore des problèmes de transit. Le film « Masques » avec Philippe Noiret m'a déçu, je n'ai jamais aimé cet acteur, mais je me rends compte que je ne possède pas assez de films pour tenir une année complète, au rythme d'un film par soir.

Ai-je fait le tour de tous les films qui peuvent m'intéresser ?

Je me suis procuré deux polars des années quatre-vingt avec Michel Serrault « Pile ou face » (avec encore Philippe Noiret !) et « On ne meurt que deux fois ».

Je vais retourner sans doute demain à la médiathèque chercher quelques films afin de pouvoir varier mes choix. Elle est fermée le lundi.

Après le stress des examens médicaux cardiologue et ophtalmologiste en début d'année, je ressens un mal-être persistant. Je ne vois plus la fin de mon crédit pour l'achat de ma voiture neuve. J'en serai libéré fin décembre. Il faut toujours gérer un budget limité qui restreint les loisirs et j'économise à la fois sur ce domaine et sur la nourriture. Je ne m'achète presque plus rien pour me faire plaisir, notamment des CD.

J'ai le sentiment de gâcher ma vie, de ne pas profiter de ma retraite, de ne jamais trouver un peu de quiétude.

Le ciel gris de mai n'arrange rien.

Claire est fatiguée, ce qu'elle m'explique car je lui fais remarquer qu'elle a une voix à la tonalité triste. Son travail l'épuise et elle manque de sommeil. J'ai le sentiment de ne pas arriver à lui remonter le moral. Ce qui altère le mien.

Je m'étais pourtant juré qu'après le scanner prescrit par le cardiologue, je ne me ferai plus de souci.

Je vois sans doute le verre à moitié vide, et d'une manière générale tout en noir.

Il faudrait que soit Claire soit moi sortions de cette situation « en tirant l'autre vers le haut », ce qui est plus facile à dire qu'à faire. Encore que Claire trouve inutile que je me fasse du souci pour elle. Elle me comprendra plus tard, quand mes petits enfants seront grands, on est parent toute sa vie. On n'est jamais tranquille.

J'ai regardé ce soir le film de Robert Enrico « Pile ou face » avec Philippe Noiret, Michel Serrault et Dorothée. Elle est étonnante en comédienne.

Ensuite, j'ai terminé la soirée en regardant des clips de Giorgia.

16 mai

Désormais, chaque semaine, un jour sur deux ou trois, je rêve de mon ancienne entreprise. Dans ce 27e cauchemar, je revenais dans les locaux de l'établissement, je revoyais une collègue, Aurélie G., déjà aperçue dans le cauchemar du 26 mars, le 15e. Ce que j'ai rêvé cette nuit relève de l'impossible : je retrouvais un vieux dossier dont le recouvrement n'était plus fait, avec le système informatique, rien ne passe au travers.

Il fait un temps hivernal ce matin, 13 degrés, et un vent très fort, qui je le suppose est glacial. Je devais sortir pour me rendre à la médiathèque et je décide de remettre cela à plus tard. Il me faudra aussi faire quelques courses. Il n'y a plus grand-chose à manger.

Mon moral est en berne. J'ai toujours mal au ventre.

Les rafales de vent sont surréalistes alors que nous sommes le 16 mai. Elles atteignent les 110 kilomètres heure. Ma chaudière s'est déclenchée plusieurs fois dans la journée.

J'ai eu un long échange téléphonique avec ma fille sur la vie chère, l'inflation, l'alimentation, la cuisine.

Il est étonnant qu'après plusieurs mois à éprouver de l'anxiété pour des examens médicaux, je ne ressente pas la quiétude espérée. Je n'ai plus de névralgies à la tête, plus de peurs inconsidérées de résultats d'examens sanguins ou de scanner, et si je dressais la liste des trains qui partent à l'heure, c'est-à-dire des choses positives, elles l'emporteraient sur la morosité. Les travaux dans mon appartement sont terminés et se sont bien déroulés.

Les sujets de préoccupation sont la situation de ma fille, ma situation financière, et la relance de PV italien pour laquelle, après avoir envoyé une lettre recommandée avec AR, je n'ai pas de suite. Je suis sans doute trop pressé, j'ai répondu le 5 mai.

Je trouve qu'Emma met trop de temps à sortir un nouvel album. Cela retarde sa prochaine tournée.

Je savais qu'il existait une chanteuse appelée Giorgia (Todrani), à laquelle je ne m'étais jamais intéressé auparavant. L'ayant vue cette année au festival de Sanremo, je me passionne désormais pour elle, tant pour ses chansons (ou une grande partie) que pour son physique. Elle a 52 ans et me plaît énormément.

Ce soir, j'ai regardé le film d'Yves Robert « Un éléphant, ça trompe énormément ». Je ne l'avais pas revu depuis plus de trente ans. Je voulais faire un drive à Intermarché demain matin, mais il n'y a pas de créneau disponible.

J'ai terminé la soirée comme d'habitude en visionnant des clips de Giorgia.

J'ai mal au côté droit du côlon qui est irrité.

17 mai

Je me suis trouvé dans l'obligation de faire des courses ce matin. Il fait un temps hivernal.

Je dois me rendre à la séance du psy à 14h30, ce qui m'agace.

Ce matin, j'étais fatigué et n'arrivais pas à me lever. Après avoir fait mes courses, j'ai eu longuement ma fille au téléphone, elle se gèle.

Le psy m'a trouvé morose, comme Claire ce matin.

Incident dans le parking après la séance du psy, avec un conducteur âgé qui ne savait pas comment payer et empêchait tout le monde de sortir.

J'ai regardé avec émotion Juliet Berto dans le dernier épisode de la série « François Gaillard ou la vie des autres », puis le film « Nous irons tous au Paradis », suite de « Un éléphant, ça trompe énormément ».

Le soir, après le film, je ne peux plus me passer des clips de la sensuelle Giorgia. Elle a de bonnes chansons mais m'intéresse plus pour son physique que pour le reste. Emma quant à elle est devenue le substitut définitif de Muriel Baptiste, chose que je n'aurais jamais cru possible. Au point que je m'en veux de ne pas trouver sa dernière chanson, « Mezzo mondo », extraordinaire. Mais Emma reste la seule, l'unique, que j'irai voir en concert en Italie, et quels que soient les atouts de Giorgia, même dans le domaine de la sensualité, Emma dépasse tout le monde. Ce qui la différencie de Muriel qui a toujours été un amour platonique, étant avant tout un amour d'enfant.

Emma fait partie des quatre êtres dont je ne pourrais pas supporter la mort, les autres étant ma fille et mes petits-fils.

Si l'on veut s'en convaincre, il suffit de relire mon *journal* 2019 et mon désespoir lorsque le 20 septembre de cette année, on a su la récidive de son cancer.
Je veux partir avant les miens comme le chantait Daniel Balavoine, d'autant que je suis leur aîné de longues années.

Giorgia me fait l'effet que me procurait Jennifer Love Hewitt.

Depuis hier, j'ai une douleur au côlon sur la partie droite de mon corps, il semble victime d'une irritation.

Rien n'est jamais parfait, la tranquillité, la quiétude, ce n'est pas pour moi.

Après Giorgia, ayant décidé de me coucher un peu plus tard, j'ai regardé Emma. Il a suffi d'un instant pour que j'oublie toutes les Giorgia de la Terre. Emma est unique. Au programme, le tournage du clip « Occhi profondi », et les clips « Occhi profondi » et « Mezzo mondo ».

Puis d'autres images. D'autres chansons. Quand Emma paraît, plus personne n'existe.

Je suis particulièrement sensible à la vision de sa première apparition au festival de Sanremo 2022 avec la chanson « Ogni volta è cosi ». Et l'émission « Domenica In » spécial Emma à Sanremo 2022.

Emma y réussit, à mes yeux, un triple prodige : elle me fait l'effet de la femme que j'aime à la folie et je constate qu'elle réussit l'impossible, remplacer Muriel Baptiste. Ensuite, elle est sensuelle comme Giorgia. Enfin, c'est une chanteuse époustouflante, sa voix, sa musique, la font se placer en tête de tout ce que je peux aimer en matière de musique.

Emma, je t'aime.

Comment peut-on ne pas l'aimer ? Pour moi, c'est inexplicable.

18 mai

Enfin un rêve différent cette nuit. Il y avait des femmes professeurs d'italien qui préparaient un exposé sur la chanson italienne. Je participais à la réunion et devais présenter mes chanteurs préférés parmi lesquels Emma et Alan Sorrenti.

J'ai toujours mal au côlon côté droit. Je ne peux m'empêcher de penser que le danger vient de là et non de cœur pour lequel on m'a fait subir inutilement des examens. Le problème est que cela fait bientôt 64 ans que j'ai mal aux intestins.

Ma fille m'a longuement appelé, me tirant du lit à 9h56.

Je viens de voir un concert d'Emma enregistré à Rai Radio 2 qui commence par « Sorrido lo stesso » puis « L'isola », et le soleil qu'il n'y a pas dehors entre dans la maison grâce à la télévision. J'ai hâte de voir de nouveaux concerts d'elle.
Il est bien dommage que pour ce concert télévisé, Emma soit couverte comme un Polonais. Elle porte un ensemble gris, et des bottes. Il s'agit d'un live de 2018 sorti dans la foulée de l'album « Essere qui ».

Suivent « Le ragazze come me », « Porta mi via da te », « Luna e l'altra », « Mi parli piano » (une de ses plus belles chansons selon moi), « Effetto domino », « Amami », « Malelingue ». Elle termine avec une chanson qui souligne selon elle que l'on a qu'une vie, qu'il faut aimer les gens qui nous entourent : « Coraggio ».

Emma répond à la question d'un animateur en disant qu'elle a besoin de ressentir un manque de la scène, de chanter, et que si elle enregistrait plus de chansons, elle tomberait dans la routine. Elle dialogue avec son public entre chaque chanson, se livrant et expliquant le sens de ses morceaux.

S'il est certain qu'avec son album de 2018, elle a atteint la perfection, je la crois tout à fait capable de m'émerveiller encore pendant des années.

Il ne faudrait pas qu'elle attende trop longtemps pour refaire une tournée. C'est mauvais pour elle et pour moi. Elle se fait dépasser par ses concurrentes (Annalisa, Alessandra Amoroso) et moi je ne suis pas certain d'être là dans quelques années.

Pour remplacer « François Gaillard ou la vie des autres », je regarde « Julien Fontanes magistrat ».

Je fais la diète ce soir car mon côlon est douloureux. J'aurai passé ma vie à avoir peur. Une simple soupe de vermicelles me sert de repas. C'est le troisième jour que j'ai mal.

Cependant, mon attitude a changé face à ce problème. Dans les années quatre-vingt-dix et deux mille, j'aurais eu l'angoisse d'un cancer. Ce soir, je pense que cela vient de mon alimentation : ces derniers jours, j'ai repris du vin rouge. Je n'ai plus l'habitude d'en boire. J'ai déjà eu par le passé cette forme d'irritation du côlon et cela n'a pas eu de conséquences. L'anxiété autrefois aggravait les symptômes, le fait de me relaxer les rend supportables.

Je regarde un film comique produit par la région Rhône-Alpes, « Grégoire Moulin contre l'humanité », que j'avais vu avec ma fille à sa sortie, et qui nous avait fait beaucoup rire. Elle m'a dit s'en souvenir et vouloir le revoir. Le film est sorti le 24 octobre 2001.

J'avoue être un peu déçu en le revoyant. Je me souviens, ma fille aussi, avoir beaucoup ri. Est-ce qu'en 22 ans les mêmes choses ne me font plus rire, ou la douleur au côlon me fait elle moins apprécier le film ?

Au bout de 56 minutes, j'ai quand même ri. Mais le film n'est pas à la hauteur de mon souvenir.

Pas de déception ensuite avec cette chère Emma. Je regarde des clips d'elle et me régale à la fois les yeux et les oreilles. J'ai vu le concert de Vérone « Best of me » du 6 juin 2021, auquel je me trouvais avec Philippe, et dont je suis rentré juste à temps pour dire au revoir à maman.

J'y apprécie particulièrement « Davvero », « Meravigliosa », « Calore » (moment où elle part dans le public), « Resta ancora un po' », « La canzone dei vecchi amanti » de Jacques Brel, « Basti solo tu », « Pezzo di cuore » avec Alessandra Amoroso (moment de grand bonheur et de détente pour Emma à l'évidence), « Stupida Allegria » que j'aime beaucoup depuis ce concert avec la chorégraphie qui précède le titre (Il s'agit vraiment d'une chanson que la version live m'a faite adorer), « Io sono bella » (moins bonne que la version studio), « Latina » (dont la retransmission bugge hélas en vidéo).

Je trouve que son visage a un côté un peu sévère qui tranche avec la douceur un an plus tard de sa prestation à Sanremo. A Vérone, Emma semble tendue et ne sourit pas. Un sourire qu'elle retrouve partiellement en chantant « Amami » toutefois ou quand elle regarde son amie Alessandra Amoroso. Elle aurait dû être aux anges ce soir-là et on la sent comme en colère, en révolte. Elle retrouve parfois la douceur que j'aime chez elle, lorsqu'elle remercie le public après « Quando le canzoni finiranno » qu'elle interprète en forçant trop sa voix, ce qui est dommage.

La magie d'Emma, c'est de nous faire aimer « Stupida Allegria » qui lui plaisait à elle mais que certains fans ne souhaitaient pas en single. On peut dire qu'en la matière, elle n'a pas donné au public ce qu'il attendait, mais ce qu'elle voulait elle, et a eu finalement raison.

Il y a une chanson que je n'aime pas, « Quando l'amore finisce », il manque dans ce concert « Manifesto » et « Mondiale », et l'on aurait pu se passer de cette chanson de l'album « Fortuna ». Encore aujourd'hui, je trouve ce choix incompréhensible. Arrivant immédiatement après « Stupida allegria », elle tombe à plat. Son seul mérite est de me faire accepter « Che sono incredibile », le duo avec Loredana Berté, que je n'ai jamais aimé mais qui est un chef d'œuvre comparé à l'insipide « Quando l'amore finisce », indigne d'Emma.

En chantant certaines chansons comme « Io sono bella » avec ses danseurs, on retrouve l'Emma souriante de « Ogni volta è cosi », son regard rieur, bienveillant, et elle perd toute dureté.

« Fortuna » qui termine le concert est aussi victime d'un bug d'enregistrement.

Un an plus tard, à Sanremo, on a une Emma douce et vulnérable avec Francesca Michielin à la direction d'orchestre, qui me plaît davantage que ses attitudes un peu rudes à Vérone.

Avant d'aller dormir, je vais revoir la première soirée à Sanremo 2022, dont la chanson est en train de devenir ma chanson préférée de tout son répertoire, détrônant « Mi parli piano ». Franchement, l'Emma de Sanremo 2022 ne semble pas la même personne que celle du concert de Vérone. Elle a perdu toute agressivité. On sait aujourd'hui qu'à cette époque elle savait son père très malade, ce qui rend sa joie face au public encore plus émouvante. Je me rends compte qu'Emma peut m'emmener au septième ciel avec « Ogni volta è cosi », « Mi parli piano », « Occhi profondi », mais aussi me décevoir avec « Fortuna », « Quando l'amore finisce », « Che sogno incredibile ». J'aime aussi bien plus sa coupe de cheveux de Sanremo 2022 que celle de Vérone l'année d'avant.

19 mai

Je me suis rendu à la pharmacie acheter du Spasfon et des probiotiques pour ma flore intestinale. C'est le quatrième jour que j'ai des douleurs. J'ai hâte que cela cesse. Cela m'a réveillé à quatre heures du matin.

Il y a longtemps que je n'ai pas ressenti ce type de douleurs. Je me souviens que cela m'avait gâché le concert de Kylie Minogue à Boulogne-Billancourt en novembre 2018. En relisant mon *journal* de l'époque, je constate que j'avais le même problème.

J'ai perdu l'habitude de boire du vin rouge à table, et selon moi, mes douleurs actuelles à l'intestin viennent du fait que j'ai recommencé à en consommer. L'excès d'eau minérale gazeuse ne semble pas avoir arrangé les choses.

Claire a appelé ce matin et je l'ai trouvée triste.

Je suis allé à la médiathèque et suis revenu avec cinq DVD pour me distraire.

L'inquiétude à propos de ma santé m'a gagné et je n'arrive pas à penser à autre chose.

Ian Fleming a écrit dans le roman « On ne vit que deux fois » : « L'état de sa santé, du temps ou des merveilles de la nature sont des choses dont l'homme moyen ne se préoccupe que rarement avant d'avoir atteint trente-cinq ans. Ce n'est qu'au seuil de l'âge moyen qu'il ne les considère plus comme des états de fait. L'homme a jusque-là considéré une bonne santé comme une chose parfaitement normale ».

A bientôt soixante-quatre ans, il y a longtemps que je ne considère plus la bonne santé comme allant de soi. C'est le bien le plus précieux, et l'on a tendance à l'oublier quand tout va bien. Je me demande si avec l'âge, je n'ai pas des diverticules. Cependant, il y a peu j'avais des névralgies cervicales qui ont passé comme elles étaient venues.

Je voudrais me détendre, après tout, mon stress n'est pas justifié. Et par rapport à ma santé, mon problème d'amende pour excès de vitesse en Italie me paraît futile.

Ce soir, je n'ai pris qu'une soupe de vermicelles.

J'ai regardé « Attention, une femme peut en cacher une autre » avec Miou-Miou, Roger Hanin et Eddy Mitchell.

J'ai rarement été abattu comme je le suis ce soir.

Après la comédie avec Miou-Miou qui m'a fait sourire et ému, j'ai regardé Emma à Sanremo 2022.

20 mai

Je n'ai pas la forme ce matin.

Ma fille essaie de me remonter le moral.

Je n'ai pas d'appétit, et cette persistance de douleur dans les intestins entre irritation et sentiment de brûlure m'inquiète.

J'ai l'impression de vivre au ralenti. Je n'arrive pas à me projeter dans l'avenir. Impossible par exemple d'imaginer le prochain concert d'Emma.

Parmi les films que j'ai à voir, j'ai choisi « Présumé innocent » avec Harrison Ford, datant de 1990. Il s'agit d'un de ces films de procès judiciaires dont raffolent les Américains. Avec une enquête policière au début. En le choisissant à la médiathèque, je l'ai confondu avec « Sens unique » avec Kevin Costner (1987).

Le film m'a plu, alternant le canevas de l'innocent accusé qu'Harrison Ford jouera trois ans plus tard dans « Le fugitif », et le polar. « Présumé innocent » ne cède pas à la violence gratuite comme beaucoup de films américains modernes. La partie procès est plus importante que l'enquête policière. J'ai trouvé le film excellent.

Ensuite, j'ai regardé des clips de Giorgia. Elle avait 42 ans en 2013 quand elle a tourné nue le clip « Non mi ami », il me reste de l'espoir pour qu'Emma, qui fête des 39 ans le 25 mai, en fasse autant !

21 mai

Claire m'a appelé, elle a beaucoup de clients, c'est le retour des vacanciers de l'Ascension, elle me dit que l'on aura plus de temps demain pour parler.

Il fait froid dans mon appartement, et je suis en robe de chambre un 21 mai. Je me suis commandé une pizza aux quatre fromages.

Je n'ai qu'un souvenir confus du rêve de cette nuit : j'étais délégué syndical CFDT dans mon ancienne entreprise, le reste s'est évanoui avec le réveil, mais je peux dire qu'il ne s'agissait pas (pour le moment) du 27e cauchemar sur ce thème.

Petit à petit, je me sens mieux aujourd'hui et j'apprécie. L'intestin du côté droit est encore un peu irrité, mais la douleur s'en va et la peur avec. Je suis bien décidé à profiter de ma bonne santé retrouvée.

J'écoute un CD de Peppino di Capri, dont la voix m'apaise.

Le soir venu, les douleurs reviennent. Je me suis donc réjoui trop tôt. Cependant, je n'ai pas de symptômes graves, rien que des ballonnements et des douleurs au côlon.

J'ai regardé « Le grand escogriffe », film avec Yves Montand où il cabotine et m'agace. Après ce film stupide, j'ai trouvé de la chaleur et du bonheur avec les clips d'Emma, dont certains pas vus depuis longtemps.

Demain matin, Emma est invitée à 7h15 sur Rai 2 par Fiorello, dans l'émission « Viva Rai 2 », c'est bien trop tôt pour moi, tant pis !

22 mai

Le mardi 16 mai, j'ai constaté une irritation de l'intestin. Au fil des jours, la douleur s'est accentuée. Cette nuit, je me suis réveillé à 2h00 à cause de cela. J'ai appelé mon psy ce matin afin qu'il me donne un remède.

J'ai fait un 27e cauchemar sur mon lieu de travail. J'étais en retraite ou sur le point de prendre ma retraite, et les lieux étaient comme à l'abandon. Je voyais dans ce cauchemar Jean B. (collègue avec lequel je suis fâché, je l'ai évoqué les 21 et 29 avril).

Si mon intestin et mon stress en sont là, je le dois à la cardiologue qui a engendré avec son examen inutile une longue attente dans l'anxiété.

Ma fille hier m'a envoyé un SMS que je n'ai pas vu sur le champ, à 19h55, sa voiture est morte.

C'est l'anniversaire de Cindy, qui a 66 ans. Elle a été ma correspondante américaine depuis octobre 1978 mais ces dernières années, nos relations se sont étiolées. Nous nous écrivons de loin en loin par la messagerie de Facebook.

J'ai parlé de Cindy les 5, 11 et 26 février, puis le 27 avril, dans ce *journal*. Je n'envisage pas de lui offrir un cadeau, tout d'abord parce-que je fais des économies, et surtout car elle ne représente plus grand-chose pour moi.

Notre correspondance a été longtemps journalière et idyllique, jusqu'à ma liaison avec Isabelle T. en 2009. Entre Cindy et moi, il y avait une amitié devenue complicité sexuelle, mais elle n'a jamais voulu venir en France. Je lui avais proposé de lui payer le voyage depuis son Texas en 2001, elle m'avait répondu : « sûr pour 2002 », je l'attends encore, ou plutôt, je ne l'attends plus.

Au fil des ans, nous nous sommes perdus de vue.

Je pense surtout qu'elle ne m'a jamais pardonné mon aventure avec Isabelle. Après une brouille, nous avons tenté de nous réconcilier, mais nous sommes éloignés l'un de l'autre.

Elle n'avait qu'à venir en France au lieu de me faire des reproches.

Elle cherchait avec moi des fantasmes et non un amant ou un mari.

Pour dire toute la vérité, peu m'importe Cindy aujourd'hui, je pense avant toute chose à ma santé.

Le voisin du rez-de-chaussée recommence aujourd'hui ses travaux bruyants. Pour l'instant, cela reste dans les limites du tolérable.

Ma fille a bien des problèmes de son côté. Elle me dit de « prendre sur moi » pour mon problème intestinal.

C'est un cercle vicieux, la douleur engendre le stress qui se répercute en douleur. Il est donc impératif que l'intestin me laisse tranquille et tout ira bien.

Je constate que dans ce *journal* le sujet de ma santé revient souvent, j'en parlais le 29 décembre, les 18 et 19 janvier, le 9 avril, et sans doute bien d'autres fois.

Jusqu'à présent, mes peurs se sont révélées non fondées. Je me souviens qu'en 2005, mon médecin de l'époque m'avait vu pour des causes analogues à celles qui me préoccupent aujourd'hui. J'avais un traitement de six mois lorsque le dimanche 6 novembre 2005, apprenant la mort de Muriel Baptiste survenue dix ans avant, je ne m'étais plus occupé de ma santé. Je ne suis pas un malade imaginaire mais un grand anxieux. Cela me pourrit l'existence. Ma mère était là pour toujours me réconforter. Aujourd'hui, je fais peser sur ma fille le poids de mes angoisses.

Ce soir, j'ai regardé « On ne meurt que deux fois » avec Michel Serrault. C'est un film un peu déconcertant, mais mieux que « Le grand escogriffe ».

J'ai retrouvé Giorgia ensuite dans ses clips.

23 mai

Le psy n'a pas appelé.

J'ai fait un rêve confus où je fouillais les brocantes, je me souviens que dans ce rêve il y avait Charlotte Kady.

Mon intestin est toujours douloureux.

Il y a longtemps que je n'ai pas eu peur comme cela pour une raison de santé.

Je me suis rendu dans une autre pharmacie, acheter du charbon, « Carbolevure », ce qu'aurait dû me donner la première pharmacie dès le premier jour.

Ma fille n'appelle pas aujourd'hui.

Sur les réseaux sociaux, on évoque le 6ᵉ anniversaire de la disparition de Roger Moore.

17h41 : le psy a appelé et me conseille de prendre du Polykaraya, mais c'est en rupture de stock depuis novembre 2022. Impossible d'en trouver en pharmacie ni même sur Internet. Il n'existe pas de produit de remplacement.

Je regarde ce soir un épisode de « Mongeville », « Le port de l'angoisse ». Puis la suite des clips d'Emma en reprenant là où j'en étais resté avant-hier.

24 mai

Alors que je faisais un rêve idiot où le chanteur Frédéric François était devenu metteur en scène de théâtre, je me suis réveillé à cinq heures du matin ayant des douleurs au côlon. J'ai pris un Doliprane.

Ce printemps est étrange, avec son ciel gris, où le soleil apparaît de temps en temps, mais sans rester durablement. De ce fait, je ne me décide jamais à faire une promenade qui me serait bénéfique.

Je fais des rêves vraiment saugrenus, qui n'ont aucun sens, par exemple, il y a des années que je ne m'intéresse plus à Frédéric François. Je comprends mieux à la rigueur tous les cauchemars concernant le travail que je faisais avant la retraite.

Ce mois de mai ne m'a pas apporté une pause dans mes soucis. Il est sans doute impossible de décréter que l'on ne va pas s'en faire.

Hier soir, Emma était dans l'émission « La Lene », sur une chaîne que je ne capte pas, Italia 1. Elle y était invitée par la présentatrice, Belen Rodriguez, la fille qui brisa son couple avec Stefano De Martino. Pour les deux femmes, c'est de l'histoire ancienne. Sur les réseaux sociaux, au lieu de parler du nouvel album d'Emma, on évoque pour la millième fois sa vie privée sur un sujet qui remonte à 2012. C'est frustrant. Aucune date de sortie n'est annoncée pour le nouvel album dont « Mezzo mondo » est le premier single.

Emma me semble en pleine forme, après les épreuves traversées entre 2009 et 2019. J'ai le sentiment que sa carrière est à un tournant, elle a joué un premier rôle au cinéma, délaissé quelque peu sa carrière de chanteuse, pour je l'espère mieux revenir. Avec « Mezzo mondo », et déjà quelques apparitions à la télévision (la seule que j'aurais pu voir, sur Rai 2, était à 7h00 du matin, il y a deux jours, bien trop tôt pour moi), elle semble vouloir revenir au premier plan comme chanteuse.

Ce soir, j'ai regardé le 11e épisode de « Mongeville », « Faute de goût ». Claire m'a envoyé des messages m'apprenant la mort de Tina Turner, et un quatrième homme tué à Valence en 15 jours.

Je dois me coucher plus tôt ce soir, demain j'ai un détartrage chez le dentiste à 9h50.

25 mai

Emma fête son 39e anniversaire.

J'ai mal dormi et rêvé à des disques vinyles, 45 et 33 tours, des années soixante. Je croyais qu'ils étaient classés par alpha, mais j'étais désappointé de constater le contraire.

Mon intestin me fait toujours mal. Cela dure depuis le mardi 16 mai.

Je me suis levé tôt en raison du rendez-vous chez le dentiste. Je trouve que le temps passe vite entre deux détartrages chez le dentiste, tous les six mois. Le prochain rendez-vous est pris pour décembre.

Florent Pagny est invité ce matin sur France 2 dans l'émission « Télé-matin », et tout en se disant en forme, semble lucide sur son espérance de vie limitée.

On apprend la mort du chanteur Jean-Louis Murat à 71 ans. Mourir le même jour que Tina Turner fait que cela passe inaperçu.

Cette dernière, au journal de TF1 de midi et de 20h00 a eu droit à un long hommage, et bien plus que certains artistes français disparus.

J'ai regardé ce soir le film « Les Seins de glace » de Georges Lautner avec Mireille Darc, Alain Delon et Claude Brasseur. Je l'avais vu il y a très longtemps. J'ai été déçu. Il y a un problème de scénario dans ce film. On nous dévoile trop de choses pour qu'il reste au spectateur la moindre surprise. C'est un thriller raté.

J'ai enchainé avec le concert d'Emma du 1er mai courant à Rome, sous la pluie, en ce jour de son 39e anniversaire. Et des vidéos récentes d'elle.

Enfin, j'ai découvert le pilote de la série « Mongeville », « La nuit des loups », avec Francis Perrin.

Ma santé reste ma priorité et se pose comme un grand point d'interrogation.

26 mai

28e cauchemar sur mon entreprise, qui se situait dans les années 80. Les locaux où je travaillais ont considérablement changé au fil des ans, et cela m'a permis de situer l'époque. Il y avait un cadre, en l'occurrence un contrôleur, qui parlait de son salaire. Le reste du rêve était confus au réveil.

Je me réveille avec des douleurs, mais hier le psy m'a donné un médicament sur ordonnance, le Debridat, que je prends trois fois par jour.

Il fait enfin beau aujourd'hui. Je suis allé acheter un climatiseur mobile. Je comptais le faire avec ma fille l'an dernier, et ayant remis l'achat à cette année, elle n'est pas libre pour m'accompagner. Il est pénible de devoir toujours dépendre de l'un ou de l'autre parce-que je ne suis pas très habile dans ce genre de démarches.

Demain, maman aurait eu 101 ans, j'irai me recueillir sur sa tombe après la livraison du climatiseur. Darty doit le faire entre 8 et 13 heures.

Je deviens plus optimiste concernant ma santé, et au fond, c'est l'essentiel. Debridat est un traitement de fond, mais je me sens déjà mieux.

Mon film du soir est « C'est dur pour tout le monde » avec Bernard Blier et Francis Perrin. Le film est réussi et il est amusant de voir Perrin jeune alors qu'il est la vedette de « Mongeville », une de mes séries préférées, dont j'ai vu un épisode hier. Avec émotion, je revois dans le rôle de Toby la regrettée Caroline Cartier partie si jeune dont j'ai parlé dans ce *journal* les 16 et 17 mars. Je l'ai tout de suite reconnue.

Ensuite, j'ai regardé les clips de la belle Giorgia.

Je me sens soudainement en pleine forme, je suis sûr que ma mère d'où elle est veille sur moi.

27 mai

Je crois que c'est la première fois de ma vie que je rêve de Peppino di Capri. Je défendais son œuvre, critiquée par d'autres. Je me suis réveillé en ayant mal au ventre, mais la douleur s'est dissipée.

Ma mère aujourd'hui aurait 101 ans.

Ce matin, j'attendais la livraison de mon climatiseur mobile. Elle a été faite très tôt, à 8h20. Il me reste maintenant à attendre la canicule et la venue de l'intervenant de ma société d'aide-ménagère pour me brancher l'évacuation d'air chaud et le kit de calfeutrage pour la fenêtre.

Je me suis rendu au cimetière et recueilli sur la tombe de maman. Il fait chaud. On passe sans transition du froid et de la pluie à une température de 29 degrés.

Mes petits-enfants et ma fille me manquent. Il me semble que le temps qui passe ne se rattrapera pas. Hier, je me suis rendu chez un photographe avec une clé USB contenant quelques photos récentes de Lucas et Lohan pour les faire développer sur papier, et les ai mises dans des petits cadres que j'ai posés dans ma bibliothèque.

J'avoue être rassuré par l'évolution de mon intestin. En cumulant une maîtrise du stress et la prise du médicament « Debridat », ou plutôt de son générique « Trimébutine », les douleurs se sont apaisées. Je ne vais pas me cacher derrière mon petit doigt : j'ai depuis des années peur du cancer du côlon. Au moindre trouble de transit, je suis affolé.

Je ne pense pas être dépressif, car si je l'étais, je n'aurais pas (selon moi) autant peur de la maladie et de la mort. Je ne souffre pas trop de la solitude, et je ne voudrais pas voir sans arrêt ma famille, ne pas être « intrusif » envers eux, mais j'aimerais quand même les voir plus souvent.

Du 27 au 31 octobre 2022, nous sommes allés ensemble à Paris et Marne la Vallée (Eurodisney). Je ne tenais pas de *journal* à l'époque, mais me souviens que nous avons passé l'avant-dernier jour, le 30 octobre, au bord de la Marne. Dans la tranquillité après la course dans Paris (Le Louvre, la Tour Eiffel) et la frénésie de Disney, c'est le jour que j'ai le plus apprécié.

Depuis quelques mois, ayant dû restreindre mon train de vie, et ayant bien malgré moi un crédit automobile en étant à la retraite (que je devais prendre le 1er octobre

2023), je ne peux m'acheter de CD ou alors au compte-goutte. Cela me manque.

J'ai 2392 CD, si je compte les nombreux disques en double que m'a offert ma fille. Essentiellement des chanteurs de variétés pour lesquels elle connaît mon attachement et qu'elle m'a achetés dans des brocantes.

Le chanteur que j'écoute le plus est Peppino di Capri, dont j'ai 35 CD de chansons, plus un CD de musique de film qu'il a composée, deux où il est invité comme participant à des albums d'autres artistes et deux compilations argentines multi-artistes où il figure. Le plus récent CD que je me sois acheté de Peppino est « 40 anos de sucesso », qui doit être la seule édition made in Brésil de toute ma collection (Je parle de mes 2392 disques). L'italien depuis les années 60 est très populaire là-bas. Je crois que c'est dû à la présence d'une forte communauté italienne dans le pays.

Il existe en fait 39 albums studio du napolitain, trois live, et 109 best of sur lesquels il a souvent inclus des chansons inédites éparpillées. Malheureusement, si ses 3 concerts sont bien édités en CD, ce n'est pas le cas de tous les albums studio. Plusieurs n'existent qu'en 33 tours ou musicassette. Dans les CD que je possède, il y en a 15 qui font partie des fameux 109 best of. J'ai encore des vinyles et des musicassettes et l'équipement pour écouter les albums non réédités, mais ce n'est pas pratique.

Dans ses 39 albums officiels, Peppino a compté des albums de chansons réenregistrées. Il l'a fait pour des histoires de droits de maisons de disques, comme Jean Ferrat. De 1958 à 1969, Peppino était édité par le label Carish. Il a fondé sa maison de disques Splash en 1970 et certains albums lui ont permis d'enregistrer à nouveau, avec des techniques plus modernes, ses premiers titres.

Ainsi, il a cumulé les sorties d'albums, parfois deux ou trois par an. Comme en France, à une certaine époque, Johnny Hallyday et Claude François. Ce sont des cadences de sorties impensables aujourd'hui (un 33 tours par semestre) mais ainsi Peppino nous laisse une œuvre considérable.

Ce soir, j'ai regardé « Tout le monde il est beau, tout le monde il est gentil » de Jean Yanne. Si cet acteur m'a fait beaucoup rire avec « Deux heures moins le quart avant Jésus Christ », j'avoue ne pas apprécier son côté anarchiste de droite qui me donne l'impression de se moquer de tout le monde, même si j'ai mieux aimé son évolution qu'un Jacques Martin qui lui est passé d'un style proche de Jean Yanne, provocateur, caustique, à un conformisme désolant avec ses émissions du dimanche.

Jean Yanne n'avait pas la générosité d'un Coluche, il provoquait souvent pour provoquer sans que cela relève d'une démarche pour apporter quelque chose. Eternel bougon et figé dans l'aigreur, il avait du talent mais n'était (pour moi) pas un personnage attachant.

Ensuite, j'ai enchaîné avec un concert d'Emma, « Battiti Live 2018 » à Ostuni. Il était trop court, j'ai mis ensuite celui de Rai Radio 2. Ce récital commence par la chanson « Sorrido lo stesso ». Je réalise que c'est le concert que j'ai déjà revu le 18 mai.

Désormais, je regarde en alternance un soir Emma, un soir Giorgia, mais je ferai une place à Alessandra Amoroso dont j'aime le répertoire.

Ainsi, après les deux concerts d'Emma, j'ai commencé à regarder les clips d'Alessandra.

« Ale » comme l'appellent ses fans a pour elle une bonne voix, de belles musiques, et une certaine homogénéité dans le répertoire. Musicalement, je la préfère à Giorgia plus inégale. A la différence d'Emma et de Giorgia, elle ne m'attire absolument pas. Elle a l'air gentille, mais n'est jamais ou rarement sexy. Longtemps, je suis resté limité en écoutant seulement deux de ses deux énormes tubes, « Comunque andare » et « Vivere a colori », composés par Elisa Toffoli.

Depuis cette année, je me suis ouvert à tout son répertoire que je commence à connaître. Avec elle, en concert ou en clips, on est certain de passer un bon moment musical. Elle a quelque chose de rassurant, elle perpétue une tradition de la bonne chanson italienne, même si sa seule référence est Mina. Elle déclare dans le wikipédia italien s'inspirer de l'américaine Anastacia et d'Aretha Franklin. Elle dit avoir la voix d'une noire.

Pour Mina, je pense qu'elle se trompe. La Dalida italienne a très vite arrêté les concerts. Elle a fait ses adieux à la scène en 1978, mais pas au disque. Elle sort un double-album par an, faisant toujours plus ou moins la même chose. C'est une chanteuse « à l'ancienne ».

Quant à Anita Baker, Anastacia et Aretha Franklin, je trouve que ces comparaisons sont peut-être liées à sa voix, mais je suis surpris de lire sur le wikipédia italien que dans son style est influencé par des sonorités Afro-Américaines. Selon moi, elle fait de la bonne variété italienne. Elle est l'équivalent féminin de Gianni Morandi ou Peppino di Capri.

Il est deux heures du matin, pris sous le charme d'Ale, je n'ai pas vu l'heure. J'ai regardé ses clips depuis « Stupendo fino a qui » jusqu'à « Estranei a partire di ieri », ce qui en représente 28 ! Il y en a 63 en tout.

Allez, au lit, vite !

28 mai

Je me réveille tard. Il est dix heures.

J'ai fait un cauchemar assez embrouillé où je croisais mon ancien responsable de service, Jean Michel D. et où mon lieu de travail allait fermer ses portes comme une entreprise en faillite. De plus, des policiers avaient investi les lieux. En me réveillant, je ne me rappelle que peu choses sur ce 29ᵉ cauchemar sur mon entreprise.

J'ai dû ce matin me rendre à la superette pour acheter du fromage, il fait 29 degrés.

Sur RAI Uno, je regarde l'émission de Mara Venier « Domenica In » où est présenté un hommage au chanteur Little Tony pour le dixième anniversaire de sa disparition. Parmi les invités, Gigliola Cinquetti est présente et chante l'une de ses chansons. Elle a certainement mené une vie saine car elle ne fait pas son âge (elle est née le 20 décembre 1947).

J'ai trouvé passionnant et désopilant le film de Jean Yanne « Les Chinois à Paris », un film impensable aujourd'hui dans le contexte du politiquement correct. Et pourtant pas méchant envers les Chinois, Jean Yanne cible ici plutôt la période de l'occupation allemande et la collaboration.

Après ce film, c'est le moment musical. J'ai pris l'habitude de ces rendez-vous musicaux tard le soir (ou tôt le matin si l'on veut) avec mesdames Emma, Giorgia et Alessandra. Mais le problème de vivre en appartement, en copropriété, est qu'il faut baisser le son, écouter « en sourdine ». Et je dois faire attention car le 23 octobre 2020, j'ai eu un rappel à la loi pour tapage nocturne.

Je serai bientôt délivré de cette injustice car sans infraction commise sous trois ans, soit le 23 octobre de cette année, le dossier sera classé. Je ne tenais pas de *journal* en 2020. J'avais porté plainte pour tapage nocturne en 2019 contre une voisine et le procureur nous a infligé à tous les deux, ma voisine et moi, un rappel à la loi. Dans mon cas pour avoir commis un tapage nocturne le 10 janvier 2019, dont je n'ai jamais été informé. En fait, à cette date, je me plaignais mais la procédure était encore à l'amiable, n'ayant porté plainte au commissariat que le 30 octobre 2019. Une véritable histoire de fous !

Je voulais voir la suite des clips d'Alessandra Amoroso à partir de l'endroit où j'en étais resté hier, mais en mettant la clé USB sur le téléviseur, pas moyen de la lire. « Format non reconnu » ou un message de ce genre.

Donc, Il m'a fallu, ce qui a pris un bon moment, de minuit une heure du matin, recopier sur une clé vierge les fichiers de la clé défectueuse, car elle fonctionnait sur l'ordinateur et plus sur le téléviseur.

A présent, je vais regarder la belle « Ale ».

Je commence à trouver que j'ai été bien injuste envers son physique, elle sait quand elle le veut être sexy. Mais c'est moins évident que pour Emma et Giorgia.

Elle a un visage assez différent de ses consœurs, tout en n'étant pas laide, mais il faut s'y habituer, ainsi qu'à sa coiffure. Elle est sexy quand elle porte des minijupes et des bottes.

A cause de cette panne de clé, je me couche très tard encore ce soir.

Pas seulement à cause des clips, car je me suis remis à mon *journal* pour noter quelques impressions avant que la nuit et le sommeil ne me les fassent oublier : j'adore la chanson « Non devi perdermi » écrite par Biagio Antonacci que j'aime bien. Il s'agit d'un chanteur dont j'ai deux CD. Je pense aussi que musicalement, Ale me plaît davantage que Giorgia.

29 mai

Je suis couché à trois heures avec cette histoire de clé USB défectueuse. Chose curieuse, je n'ai pas le souvenir d'un rêve nocturne, je me suis réveillé au matin et rendormi, et j'ai alors fait un terrible cauchemar dans lequel j'étais rossé par un voyou. Je cherchais ensuite à contacter la police mais personne ne voulait me prêter assistance. J'en voulais à une voisine, la veuve d'un monsieur avec qui je faisais du vélo avant, qui refusait de me donner le numéro de la police.

Il est déjà dix heures moins le quart.

J'ai toujours des soucis de transit qui ne laissent pas de m'inquiéter. Les douleurs abdominales ont cessé.

Sur Facebook, je viens de voir qu'Alan Sorrenti, à 72 ans, fait une tournée. Il fera un concert fin juin à Milan. Quand je l'attendais à corps et à cris, il avait cessé toute activité, et durant ses années de gloire, il ne faisait pas de concerts. Je suis en train d'écouter son meilleur album « Angeli di strada ». J'ai découvert à cette occasion que ma platine cassette audio marche à merveille. J'ai cet album en 33 tours et en cassette, mais pour mettre un vinyle, avec le bazar dans mon salon, c'est toute une affaire. Hélas, Alan n'a jamais sorti ce 8e album en CD, alors que tous les autres ont été réédités. Je les ai fort heureusement rachetés dans ce format en leur temps. Aujourd'hui, je ne pourrais plus faire une telle dépense. Entre autres ses sept premiers albums, de 1972 à 1980, ont fait l'objet de belles rééditions en CD.

Je viens de découvrir que le 14 octobre 2022, Alan a sorti après vingt ans de silence un 12e album. Il s'appelle « Oltre la zona sicura ». J'ai pu le trouver sur Amazon it, c'est-à-dire la branche italienne d'Amazon. Il faut vraiment qu'il soit oublié quand même, car auparavant une sortie d'album d'Alan Sorrenti faisait autant de retentissement qu'un Goldman chez nous. Je suis curieux d'entendre cela, surtout après la déception de son album de 2002 « Sottacqua » qui fit un flop total. Il n'était d'ailleurs, à l'époque, en vente que sur Internet, comme cela est arrivé aux chanteurs qui n'ont plus de maisons de disque tels Jeane Manson, et plus récemment l'actrice Véronique Jannot dont j'ai mentionné dans ce *journal* le 2 mars la sortie d'un disque CD pour enfants, qu'elle vend sur Internet mais aussi et surtout sous forme digitale, soit en fichier numérique.

J'ai regardé ce soir « Un long dimanche de fiançailles » avec Audrey Tautou. Bon film, mais triste. Puis quelques clips de Giorgia et d'Ale. En majorité Giorgia ce soir, c'est son tour, mais aussi quelques-uns avec Alessandra Amoroso. En plus des chansons qui sont excellentes, ces deux filles sont je trouve très sexy. La première a un physique de rêve et un côté « animal ». J'ai mis du temps à m'intéresser au charme de la seconde. Elle fait davantage « fille sage » à qui l'on donnerait le bon Dieu sans confession, et l'on aurait tort. Il suffit de chercher sur Internet et l'on trouve des photos d'elle en bikini ou dans des tenues qui ne laissent pas indifférents les hommes.

Je me suis couché à minuit à demi ce soir.

30 mai

Ce mois de mai est interminable. Il faudrait que je fasse encore des courses et je dis zut !

J'ai fait un rêve embrouillé cette nuit dans lequel j'étais un agent secret, mais réaliste, pas un espion de fantaisie ressemblant à James Bond. J'arrêtais des amis et connaissances qui faisaient de l'espionnage et en laissais d'autres tranquilles, leur demandant de se faire oublier.

Le rêve était vraiment confus et au réveil, je ne me souvenais pas de grand-chose.

Il fait chaud ce matin.

S'agissant du nouveau CD d'Alan Sorrenti, je suis un bel âne, je l'ai commandé à Amazon Italie, et il était disponible sur Amazon France sans frais de port (puisque j'ai pris l'abonnement Amazon Prime).

Je n'en reviens pas que ce chanteur fasse un nouveau disque à 72 ans.

Ma fille m'a appelé mais aujourd'hui n'est pas restée longtemps, et ayant du temps libre, je regarde un film que je suis content d'avoir retrouvé, « L'amour à tout prix », avec Sandra Bullock. Je l'avais vu vers 2007 sur une chaîne du câble. Mon film préféré d'elle est « La Proposition » dont j'ai le DVD, mais que j'ai vu aussi en italien sur la RAI. Claire m'a offert à notre dernière visite à la brocante « La ressourcerie » le DVD du film « The blind side » avec elle. J'aime aussi « Traque sur internet », dont la cassette VHS était livrée en bonus avec mon premier ordinateur fixe en 2001. J'ai racheté ce film en DVD par la suite. J'aime beaucoup Sandra Bullock, mais moins dans le film « Speed » où elle passe son temps au volant d'un bus.

Dans les années 70, je fantasmais sur Lynda Day-George et Lesley-Ann Warren. Aujourd'hui, entre autres, sur Emma, Giorgia et Alessandra Amoroso. Je raffole des actrices comme Sandra Bullock, Jennifer Love Hewitt, Kari Wuhrer, Monica Keena, Megan Fox. Je suis même allé au cinéma exprès pour voir Megan Fox dans « Les tortues Ninja » !

Il est utile pour se souvenir de tout de faire ce *journal*. Ainsi, je viens de consulter celui de 2016, à la date du 3 juillet, où je parle longuement de Megan Fox au sujet de ce film.

J'ai réalisé hier en voyant « Un long dimanche de fiançailles » qu'en ce moment, je préfère regarder des comédies plutôt que des drames.

Il est bien dommage que l'on ne puisse contrôler ses rêves. On peut constater que les miens sont ennuyeux, stupides ou stressants, mais jamais joyeux. Je ne rêve pas d'Emma, ou d'autres comme Alessandra, Giorgia.

Ce ne sont pourtant pas les jolies filles qui manquent. Adeline, la jeune mannequin que j'ai repérée sur Facebook, les journalistes Garance Pardigon et Marie-Sophie Lacarrau, et les innombrables actrices comme Jennifer Love Hewitt et ses consœurs. Pourtant, avant de me coucher, je regarde souvent des clips de chanteuses. Et à part hier soir, je ne regarde pas de films anxiogènes ou tristes.

David vient d'appeler, pour me montrer avec Google Maps, et un film de 1950, la différence de décor au 15 rue du Transvaal à Paris entre hier et aujourd'hui. Il n'avait plus téléphoné depuis le 9 mars. Ce sont des sujets qui le passionnent puisqu'il a connu le Paris des années 70, que l'on ne reconnait plus aujourd'hui tant les choses ont changé.

La peur de la maladie est derrière moi, mais je ressens ce soir un sentiment étrange. J'ai noté aujourd'hui que ma fille n'est pas restée longtemps au téléphone, et avec Philippe ce soir, il y avait lors de notre appel quotidien des passages à vide. Je suis un éternel insatisfait. Lorsque je n'ai plus d'angoisses, je n'ai pas pour autant envie de faire la fête. J'en demande sans doute trop, je voudrais que chaque jour soit extraordinaire.

J'ai bien aimé « Moi y'en a vouloir des sous » de Jean Yanne. Cette satire de la CGT m'a fait rire en tant qu'ancien syndicaliste.

Ensuite, j'ai mis Emma et son « Adesso tour » de 2016.

31 mai

J'ai encore fait un cauchemar. Quelqu'un avait causé un accident et allait passer en justice. Il était sous contrôle judiciaire. Tout le reste était oublié au réveil.

Comme pour avril avec le scanner, j'ai trouvé ce mois de mai interminable. Il a été marqué par une grande crainte concernant mes intestins, qui s'est révélée sans fondement, et par des dépenses alimentaires toujours en hausse.

Ce dernier jour du mois, mon réfrigérateur est vide ou presque, mais j'ai tenu mordicus à attendre le 1er juin, ou le 2 car demain je n'aurai pas le temps, pour le remplir à nouveau. J'ai acheté le climatiseur et suis dans l'attente que monsieur C. de la société d'aide-ménagère vienne brancher le tuyau d'évacuation et le kit de calfeutrage.

Au fond de moi, je suis toujours aussi stressé, et il m'arrive de m'ennuyer durant la journée, malgré tout ce que j'ai à voir, à lire et à écouter.

Ma fille entame demain son troisième mois de travail.

L'année scolaire se termine, et j'ai cessé toute activité avec AVF. Je me rends compte que dans ce *journal*, je n'en ai parlé que le 17 janvier. Je m'y étais inscrit en septembre 2022 pour la marche le mardi après-midi et les « pauses gourmandes et conviviales » chez Pierre B. (soit aller passer de longues heures à m'ennuyer avec des personnes âgées). Je n'ai dû aller que trois ou quatre fois à la « marche douce » du mardi, avant que le froid de l'automne ne me pousse à rester chez moi. Je me suis rendu deux fois le lundi après-midi au scrabble et n'ai pas insisté car les gens s'y prenaient trop au sérieux au lieu de se détendre.

A compter le moindre euro dépensé, je deviens radin.

Je suis un éternel insatisfait. La vie, c'est ici et maintenant, pas dans un futur improbable et aléatoire.

Je suis perplexe.

J'ai l'impression que ma vie est à l'arrêt, en suspension, en attente de je ne sais quoi.

A la suite d'une conversation avec ma fille, elle m'envoie le message suivant :

« Allez, dis-toi que tout est en toi, la joie, les rêves, les désirs. Tout... Réfléchis à ce qui te mets en joie. Sors, vas à des concerts classiques, au théâtre, au cinéma, à l'opéra, aux cafés philo, à des conférences, aux musées, à des soirées festives, vas danser, rejoindre une association, une chorale, prends des cours de guitare, de chant ou de peinture ! Fais tout ce que tu t'es interdit depuis toujours, etc. Intéresse-toi à la vie en dehors de toi... et elle te redonnera la force de sourire ».

Le CD d'Alan Sorrenti est arrivé, j'ai l'impression de faire un voyage dans le temps, je ne pensais pas un jour entendre cette voix sur des chansons inédites. Je l'écoute en boucle, 21 ans sans nouveau disque.

Ce *journal* 2023 paraîtra-t-il ? Janvier 2024 me semble si loin. Serai-je toujours là ?

En 2016, j'avais fait un premier volume à la moitié de l'année, et peut-être vais-je procéder ainsi cette année avec un tome 1 janvier-juin ?

Sur le forum de musiques de films « Underscores », j'ai voulu changer mon avatar, qui est une photo d'Emma, par une autre image d'elle. J'ai supprimé la photo sans pouvoir en mettre une autre. Heureusement, j'ai le numéro de téléphone d'un membre du forum, Darkcat, alias Franck, qui m'a indiqué la marche à suivre pour rétablir les choses.

J'ai regardé ce soir un excellent film de Marcel Pagnol de 1938, « Le Schpountz », avec Fernandel.

C'est le film de détente idéal après une journée aussi morose.

J'ai trouvé Orane Demazis un peu pénible au début, puis attendrissante et émouvante. Fernandel y est fabuleux, époustouflant, il n'a jamais joué si juste. Quant à Fernand Charpin en oncle du héros, il émane de lui beaucoup d'humanité. Son personnage est profondément touchant.

C'est ensuite le soir de Giorgia. J'aime cette alternance Emma/Ale/Giorgia après le film. J'ai mis la chanteuse à minuit, avec des clips.

La journée et le mois se terminent mieux qu'ils ont commencé.

1ᵉʳ juin

Je suis contrarié car je me rends compte que la venue de Monsieur C. pour s'occuper du climatiseur mobile ne semble pas pour lui aller de soi, que je vais devoir le relancer.

Aujourd'hui, il fait 27 degrés, on est loin de la canicule, mais la chaleur peut arriver vite. Je ne voudrais pas être pris au dépourvu. Ce matin, ma fille a tenté de me rassurer.

J'ai regardé ce soir le 3ᵉ épisode de « Mongeville », « Le dossier Phébus ». C'est une série que j'aime de plus en plus et j'espère vraiment en récupérer tous les épisodes.

Ensuite, j'ai regardé le meilleur concert d'Alessandra Amoroso : « Vivere a colori ». C'est la quatrième fois que je le vois.

Comme il n'était que minuit, j'ai regardé « Le signe de Zorro » (1963) avec Sean Flynn, le fils d'Errol. S'il y a eu six acteurs pour incarner James Bond, les interprètes de Zorro sont légion. Le plus célèbre est celui de Walt Disney, Guy Williams, à la télévision. Au cinéma, il a été notamment joué en 1940 par Tyrone Power, en 1975 par Alain Delon, et en 1998 et 2005 par Antonio Banderas. Le film de ce soir est décevant. Son titre est trompeur, puisqu'il n'y a pas de Don Diego de la Vega. Le film s'appelait à l'origine « Duel at the Rio Grande » et son héros, Don Ramon Martinez y Rayol ne prétend jamais être le justicier masqué. Il ne porte d'ailleurs ni cape ni masque. Ce n'est tout simplement pas un film de la série « Zorro ».

2 juin

J'ai rêvé de l'épisode de « Chapeau melon et bottes de cuir » : « Interférences ». Il était présenté en classe aux étudiants d'une école d'audiovisuel. Diana Rigg, présente, constatait que l'on modifiait le doublage français, au point qu'elle se fâchait et partait. La bande sonore française était mise sous protection afin qu'on cesse de la détériorer. Je n'en étais plus certain au réveil, mais il me semble que le professeur qui présentait le cours était Roger Moore. Voilà un rêve totalement absurde.

Cet épisode n'a pas été rediffusé entre avril 1973 et septembre 1987, et dans les années 70, il m'arrivait d'y rêver.

Grande surprise ce matin, Emma annonce une tournée à partir du single « Mezzo mondo ». Voilà une affaire à suivre attentivement.

Je suis énervé ce matin de m'être couché si tard pour regarder ce navet de faux Zorro !

J'ai regardé avant et après le repas de midi le 5e épisode de « Mongeville », « Un silence de mort ».

Mercredi, je vais garder Lohan et sans doute l'emmener au jardin des trains ardéchois, un parc de miniatures qui se trouve à Soyons. J'ai trouvé ma fille épuisée en l'écoutant au téléphone.

Mon intestin refait des siennes.

Je suis sorti pour acheter des fruits et de l'eau pétillante. En sortant du supermarché, je n'ai pas vu une voiture qui arrivait sur ma gauche. La conductrice a klaxonné, mais j'avoue avoir eu peur. Je suis très prudent au volant, mais en prenant de l'âge moins sûr de moi. Il y a longtemps qu'un incident pareil ne m'était pas arrivé. Si la voiture m'avait percuté, ma Clio encore neuve aurait été sacrément endommagée.

Je dis toujours que je n'ai pas de chance mais c'est faux. Cela dit, si je n'ai pas vu l'automobile, à un endroit où la vitesse est limitée à 30 kilomètres heure, c'est qu'elle est arrivée vite. Les gens ont le feu aux fesses. Je n'aurais pas pu prouver l'excès de vitesse en cas d'accident.

J'ai besoin de me remettre de mes émotions, et je regarde le 6e épisode de « Mongeville », « Les ombres d'un doute ». Mon deuxième épisode de la journée. J'enchaîne avec le 19e épisode, « La ferme de Louise ».

Vers 19h00, il a fait un orage de grêle. J'ai fermé les volets de la cuisine et de la chambre d'amis. Les grêlons cognaient contre les fenêtres côté sud.

J'ai continué cette journée Francis Perrin (Héros de « Mongeville ») avec la comédie « Club de rencontres ».

Dans ce film, j'ai aimé Valérie Allain (que je confonds avec la comédienne Valérie Steffen qui joue avec Jean-Paul Belmondo dans « Le solitaire »), la musique de Michel Legrand (un compositeur inespéré pour une comédie à petit budget comme ce film, mais qui cependant ne sortit pas de disque de la bande originale). C'est la première fois que je supporte Isabelle Mergault. Je ne l'ai jamais aimée, mais ici je l'ai trouvée charmante.

Sans les comédiens et le compositeur, le film serait insupportable. Je dois être le seul spectateur français qui a découvert Jean Rougerie en détective Aubergine dans le James Bond « Dangereusement vôtre ». Il a tourné de nombreux rôles au cinéma et à la télévision, c'était un second rôle coutumier dans les films français.

J'ai retrouvé ensuite aux arènes de Vérone le concert « Emma è live ».

3 juin

30ᵉ cauchemar sur mon entreprise. Nous devions nous rendre au tribunal pour défendre un dossier, activité que je ne n'ai jamais faite. Dans le rêve, j'avais une altercation avec Anne-Françoise C. qui dans la réalité a quitté l'entreprise dans les années 90, et Pascal H. dont j'ai parlé le 15 mars, deux collègues antipathiques.

Dans mes fonctions, je n'ai jamais été sollicité pour représenter mon entreprise à une audience de tribunal.

Si ce matin après l'orage, le ciel était gris, le temps a tourné au bleu azur bien ensoleillé.

J'ai regardé en début d'après-midi « Mongeville et Magellan : Un amour de jeunesse », avec Francis Perrin et Jacques Spiesser.

Ce soir, je vois pour la première fois « Les Bronzés font du ski », je dois reconnaître que c'est un bon film, même si je ne suis pas un fan de l'équipe du Splendid. Cela ne m'a pas empêché de beaucoup apprécier le film.

Ensuite, j'ai mis le concert de Giorgia, « Ladra di vento », qui me comble.

Demain, c'est la fête des mères, j'irai au cimetière. Ma mère me manque.

4 juin

J'ai fait un cauchemar dans lequel je devais me rendre assez loin à l'étranger, en avion. Dans ce rêve, je me trouvais avant de partir dans un endroit où se trouvait mon amie Mireille D. dont je garde un excellent souvenir l'ayant côtoyé des années durant au syndicat CGT. Mais elle apparaissait peu dans le cours de ce songe. Il fallait transiter par Alger, puis partir vers le pôle Nord ou un endroit similaire. Je stressais avant le départ.

Sur la chaîne RAI 2, dans l'émission « Radio 2 Happy Family », le clip d'Annalisa « Bellissima » vient d'être diffusé. Très bonne chanson et jolie fille.

Elle pourrait bien rejoindre tôt ou tard les trois autres chanteuses Emma, Ale et Giorgia pour alterner les moments musicaux chaque soir après le film.

J'ai eu une longue conversation téléphonique avec ma fille.

Je suis bien triste ce jour. C'est la fête des mères, je me suis rendu au cimetière, il faisait 31 degrés dans la voiture. Je ne suis pas resté très longtemps, et j'ai arrosé la plante.

Je n'ai guère d'appétit, j'ai mangé seulement une escalope de poulet. La RAI sur SFR a une mauvaise qualité d'image, un problème de réception. J'ai tout débranché et rebranché. Il apparaît que sur TF1, l'image est impeccable. Cela vient donc de RAI Uno. La situation s'est ensuite rétablie.

J'ai assez de pages pour publier un volume 1 du *journal* 2023 fin juin, comme je l'ai fait en 2016. Je viens de préparer une maquette sur le site Books on Demand pour cette première partie qui dépasse déjà les 200 pages, et couvrira donc la période de janvier à juin. Ainsi, cela pourra sortir en juillet ou août, et n'attendra pas janvier 2024.

Il y a plusieurs années que je n'ai pas sorti de *journaux.* Je vois deux avantages à procéder ainsi. Il y a beaucoup de pages, et cela aboutirait, en un seul volume, à un ouvrage trop épais d'environ 400 pages. Mais d'autre part, je me rassurerai, car pour des raisons qui m'échappent, je crains de ne plus être là en janvier prochain. Je sais que cela peut sembler absurde.

Emma est sur RAI 2 ce soir, à l'occasion de la fête du Scudetto à Naples. Le championnat de football d'Italie n'est pas ma tasse de thé, mais il n'est pas question pour moi de manquer une apparition d'Emma. D'autant que je me suis abonné aux chaînes italiennes, soit la RAI, exprès pour elle, et que malheureusement, elle n'y passe pas souvent.

Je regarde le film « Signes extérieurs de richesse » avec Claude Brasseur et Josiane Balasko sur mon ordinateur. Je trouve Josiane Balasko attendrissante.

Même en aimant Emma, le football m'est insupportable.

Sur la RAI, comme d'habitude, quand Emma doit passer, c'est en fin de soirée, ce qui est déjà arrivé au « concertone » du 1er mai.

Le spectacle est présenté par Stefano de Martino, l'ex d'Emma. Je ne trouve pas rassurant que mon cher napolitain Peppino di Capri ne soit pas de la fête. La première chanteuse à se produire est Arisa, que je n'apprécie pas du tout.

Ensuite, c'est Enzo Avitabile, musicien de jazz connu hors Italie.

A 22h10, Emma apparaît et chante un titre de feu Pino Daniele, « Napule è », dont j'ai parlé dans le *journal* 2015 lorsqu'il nous a quittés. Emma est vêtue d'une robe noire sexy et moulante, et chaussée de bottes blanches.

Pour lui succéder, Gigi d'Alessio, chanteur des années 2000, auquel je ne me suis jamais intéressé, chante un medley de ses succès.

Stefano de Martino enlace ce dernier après sa prestation, alors qu'il a ignoré Emma.

Après les chanteurs, Stefano invite sur le stade les joueurs. Puis c'est le tour de Nino d'Angelo, autre chanteur que je n'ai jamais apprécié. Un rappeur, Luchè, lui succède, j'attends un peu, mais Emma ne reviendra pas.

Je n'ai pas vraiment aimé ce dimanche où j'ai pensé beaucoup à ma mère.

Je termine la soirée avec des clips de la belle Alessandra Amoroso.

5 juin

J'ai fait un rêve embrouillé, ma mère (il me semble que c'était elle) recherchait des personnes perdues de vue depuis 1997. Il était question de Muriel Baptiste dans ce songe confus. Je ne me souviens de rien d'autre.

Le ciel est bien gris ce matin.

Je viens d'appeler mon assureur car le montant de mon prélèvement a augmenté. Leur tarif a effectivement subi une hausse.

En fait, j'en avais été averti sans y avoir fait attention. Il y a un mois, j'ai reçu mon attestation d'assurance automobile, et l'échéancier se trouvait dans le courrier avec le détail pour les trois contrats (automobile, habitation, accidents de la vie).

Je me rends compte que mon irritation des intestins a cessé. Il faut savoir dans l'existence penser aux « trains qui partent à l'heure ».

Sur Facebook, dans les groupes dédiés à Peppino di Capri, j'ai fait remarquer hier que son absence était étonnante au scudetto. Les fans sont dans l'ensemble d'accord avec moi. Peppino selon certains n'est pas un chanteur qui se produit dans les stades, mais il continue à faire des concerts à l'étranger. En conséquence, il aurait pu être invité, ce qui aurait été bien plus justifié que les rappeurs Clementino et Luchè.

Une personne note que Peppino n'a pas la forme de Massimo Ranieri, mais ce dernier a 72 ans et Peppino 83.

Claire m'a appelé ce matin et notre conversation a duré trois heures.

J'ai regardé ce soir « Liberté égalité choucroute » de Jean Yanne. Dès le début, j'ai compris que le film serait moins réussi que les autres de cet acteur-réalisateur. Même si en raison des acteurs, c'est plaisant à suivre. Michel Serrault, Jean Poiret, Roland Giraud et Jean Yanne dominent le film.

Après ce moment de drôlerie et de détente, j'ai mis le concert « 10 tour » enregistré sur la chaîne Italia 1 de cette chère Alessandra Amoroso que j'aime de plus en plus. Il y a des interviews, entre les chansons du concert, où elle explique que jeune, elle considérait comme un rêve impossible de devenir chanteuse.

Dans une autre interview, elle explique qu'elle n'a jamais appelé son public « les fans » car ils ne se sont jamais comportés ainsi, mais que les grands-mères la prennent pour leur nièce, par exemple, et qu'il y a un rapport d'amitié entre elle et ses admirateurs.

Elle dit aimer ce qu'elle fait, et n'avoir jamais été jalouse d'un autre artiste. Elle déclare avoir de bons rapports avec Gianni Morandi, Claudio Baglioni, Tiziano Ferro,

Laura Pausini, Elisa et Giorgia, et bizarrement, ne cite pas Emma dont elle est pourtant la meilleure amie.

Elle voudrait vieillir en achetant une maison isolée dans la nature, parle de ses nièces qu'elle veut voir le plus longtemps possible, mais n'évoque jamais le projet d'avoir un enfant.

Ce soir, sur Internet, les rumeurs se déchaînent car Emma à Naples hier n'a pas salué son ex, Stefano de Martino, présentateur. Elle a fait la paix avec Belen Rodriguez, qui brisa son couple, mais avec Stefano, les rapports sont tendus.

6 juin

J'ai rêvé que je fouinais les brocantes à la recherche de 33 tours de Sacha Distel de son époque Pathé Marconi (1965-1974). Pris à la gorge financièrement après mon divorce, vers 1996, j'ai vendu pour 500 francs tous mes vinyles. Je pensais à l'époque que cette technologie était définitivement dépassée au profit du CD et n'avait plus de platine pour lire les vinyles. La discographie de Sacha Distel a été très mal rééditée en CD, seulement des compilations. Je n'ai racheté que les deux albums de l'année 1973 en 33 tours. Tout racheter après coup m'aurait coûté une fortune.

Le 1er juin, j'évoquais Monsieur C. auquel j'ai fait un mail de rappel hier. Il n'a pas répondu. Pourquoi a-t-il accepté de venir m'installer mon climatiseur mobile pour ensuite faire le mort ? Je suis en colère, inquiet, je me rends compte que je dépends toujours des autres pour tout et c'est agaçant.

La chaleur arrive, certes pas encore la canicule, mais tout cela me préoccupe. Dans deux ans, je prendrai un taxi pour aller à l'ophtalmologiste où m'a conduit cette année Monsieur C. car je ne veux plus le solliciter.

Sa société vient de me proposer le mercredi 14 juin pour l'intervention, j'ai immédiatement donné mon accord. Mais cela ne calme pas mon agacement.

Devoir prier et supplier pour avoir quelque chose n'est pas mon genre.

J'ai reçu le coffret DVD volume 3 de « Mongeville » et regarde l'épisode 17 « Vénus maudite ». Cette série devient pour moi incontournable.

Je n'aime pas acheter des vêtements, mais j'ai dû bon gré mal gré me rendre dans un magasin acheter deux shorts sans bouton. Je ne sais pas coudre (ni mon aide-ménagère), et mes shorts ont des boutons qui se défont.

Ce soir, j'ai regardé « Le Mouton à 5 pattes », avec Fernandel, un film agréable mais très loin de la qualité du

« Schpountz ». Puis, j'ai enchaîné avec Emma, et revu le concert de Vérone d'il y a deux ans jour pour jour.

Il est bien dommage que ce 6 juin 2021, j'avais à peine eu le temps de rentrer le lendemain, de saluer ma mère le soir, couchée, fatiguée, ailleurs. Le lendemain matin, elle avait rejoint les anges.

Emma n'y est pour rien, ma mère était très âgée, et je l'ai revue, mais elle qui a perdu son papa en septembre dernier serait la première à me comprendre. Ce concert du 6 juin 2021 a un goût de profonde tristesse.

J'ai tout regardé à part « Quando l'amore finisce », « Che sogno incredibile » et « Fortuna », il faut dire que je dois me lever tôt demain. Il est bientôt une heure du matin !

Rochemaure et Soyons, 7 juin

J'ai rêvé à un concours Eurovision où l'Italie présentait une chanteuse médiocre (qui ne correspond à personne dans la réalité), le pays ayant gagné l'année précédente et ne voulant pas payer les frais d'organisation du concours en cas de nouvelle victoire.

Dans le même rêve, mon demi-frère André avait changé de nationalité afin de ne plus payer d'impôt. Il avait pris une nationalité bizarre, très éloignée de la France, et j'en étais étonné.

J'ai passé une journée de rêve avec mon petit-fils Lohan. Nous nous sommes rendus au jardin des trains ardéchois à Soyons. Il a été adorable. Cet endroit est ouvert de mai à septembre, nous devions nous y rendre en famille l'an passé, et les problèmes familiaux de ma fille ont repoussé l'échéance à 2023.

Je suis parti à 9h30 et me suis rendu à Rochemaure pour prendre en charge Lohan. Nous sommes d'abord allés chez ma fille, pendant qu'elle travaillait. Puis nous sommes partis en quête d'un MacDonald à Soyons. Nous ne l'avons pas trouvé, ce qui n'est pas un drame. Nous avons mangé au McDo de Guilherand Granges, soit Granges-les-Valence, en gros comme si j'étais revenu chez moi à Valence !

Ensuite, direction le jardin des trains ardéchois. L'endroit est charmant, même si nous souffrions de la chaleur. Lohan devait jouer à un jeu qui nous fut remis à l'entrée, et qui lui a valu en guise de cadeau une sucette. Il s'agissait de découvrir entre six contenus de trousses de voyage celui dont on lui avait donné l'image, soit la description.

Toutes mes peurs, toutes mes angoisses, se sont évanouies. La compagnie de mon petit-fils est plaisante.

Il aime son grand-père. J'espère qu'il lira ce *journal* lorsque je ne serai plus là.

Il est agréable que quelqu'un vous voit comme vous êtes. C'est le cas de Lohan, huit ans, avec lequel il est impossible de tricher. Il sait que je ne feins pas mon affection, que je lui fais plaisir car je l'aime.

Lohan a fait de cette journée une bouffée de bonheur, au moment où hier soir, en regardant Emma à Vérone il y a deux ans, je pensais à la mort de ma mère. Il m'a fait oublier tous mes tracas.

L'endroit est en soit une merveille, des centaines de trains miniatures à faire rêver quelqu'un comme moi qui eut comme cadeau de Noël des trains électriques. Ici, tout est géant, magique, fabuleux. On a reconstitué la vie à l'état miniature. Lohan a même remarqué dans une « rivière » une fausse grenouille, aussi ressemblante qu'une vraie. On note des reconstitutions de petites villes du début du 20e siècle, avec par exemple un magasin de quincaillerie. Une gare, des bâtiments, des trains, des rails, des cours d'eau, de vrais poissons, une fausse grenouille, tout cela relève de l'enchantement.

Lohan m'a demandé à boire une fois partis du jardin ferroviaire. Nous avons pris une boisson fraîche en terrasse au Pouzin.

Il ne voulait pas que je parte le soir, retardant le moment de la séparation. Il est adorable. Il aime son grand-père.

Ce soir, j'ai regardé le 20e épisode de « Mongeville », « Remous en thalasso ». J'envisage de visionner en boucle « Mongeville » et « Commissaire Magellan » comme je le fis pour « Le Saint » avec Roger Moore.

Puis, c'est le tour de Giorgia pour le moment musical. Et aussi le moment sexy, car Giorgia dégage une sensualité extraordinaire.

Valence, 8 juin

Douche froide après la bonne journée d'hier. Ma fille est très fatiguée. Je n'en dirai pas plus.

Cela malheureusement gâche un peu la joie du mercredi avec Lohan au jardin ferroviaire.

A Annecy, un attentat a eu lieu, un homme a poignardé des enfants.

Je me suis rendu à midi au cimetière pour le deuxième anniversaire de la mort de ma mère.

Sortir pour aller au psy me pèse vraiment, surtout par cette chaleur.

Ma santé est meilleure, voire carrément bonne, j'ai trouvé une solution à tous mes problèmes comme le climatiseur, mais en tant que père, je ne peux m'empêcher de me soucier de ma fille.

Le psy avait anticipé cette situation. Il me dit depuis un certain temps que je n'y peux pas grand-chose.

En revenant, j'ai regardé le 21e épisode de « Mongeville », « Mauvaise foi ». La série est toujours aussi passionnante.

J'ai ensuite vu « La Zizanie » de Claude Zidi avec Louis de Funès et Annie Girardot. C'est un film que je n'ai vu qu'une fois à la télévision il y a fort longtemps et n'avais pas aimé.

Il est certain que comparé à des films comme « Les aventures de Rabbi Jacob » ou « L'aile ou la cuisse », le film n'est pas aussi bon.

Je trouve que Louis de Funès joue bien comme à l'accoutumée, et forme un bon duo avec Annie Girardot.

Puis les clips d'Alessandra Amoroso sont venus m'enchanter. J'aime ses chansons, mais aussi ses tenues, jupes courtes, bottes, jambes dénudées.

A la différence d'Emma et de Giorgia, elle n'a pas un physique de femme qui fait rêver, au premier abord, disons qu'elle est mignonne, et ressemble à la voisine que chacun peut avoir. Ce que les anglo-saxons appellent « Girl Next Door », la fille de la porte d'à côté. Mais Ale est loin d'être laide, et surtout je la trouve très sexy. Dans les interviews du concert « 10 tour », elle expliquait qu'elle n'avait pas de fans, ne se considère pas comme une star. L'important est qu'elle me plaise beaucoup.

A cette alternance un jour sur trois entre les chanteuses italiennes, je prévois d'ajouter Annalisa. J'attends que l'envie m'en vienne.

Après avoir acheté deux CD d'Alessandra Amoroso en 2021, ce n'est que maintenant que je m'intéresse vraiment à elle.

Pour quelles raisons ai-je tant attendu ? Sans doute Emma étant ma chanteuse préférée, ne concevais-je pas d'en aimer d'autres.

Si je devais lui faire un reproche à la vision de ses clips en particulier, c'est qu'elle n'abuse vraiment pas du tout de son côté sexy. On l'imagine mal dans un clip comme « Occhi profondi » d'Emma où cette dernière est dénudée jusqu'à la taille. Elle a un public familial plus sage.

Playboy avait proposé à Emma de poser nue en avril 2013, ce qui ne s'est pas fait, mais je doute qu'on l'ait proposé à Ale.

9 juin

J'ai rêvé cette nuit de René T. qui fut un syndicaliste CGT de mon entreprise à Lyon. A travers ces songes, il y a toujours en toile de fond mon lieu de travail.

Les nouvelles du matin à la télévision parlent des suites de l'attentat d'Annecy. On parle d'attaque au couteau et pas d'attentat.

Je me couche tard et ne dors pas assez, me levant trop tôt le matin, alors que rien ne m'y oblige. Cela provoque de la fatigue.

J'ai regardé ce matin le 22ᵉ épisode de « Mongeville », « Le mâle des montagnes ». Wikipédia note une incohérence dans l'épisode, car le premier village de montagne se situe à 200 kilomètres de Bordeaux. Dans l'intrigue, les protagonistes sont plusieurs fois par jour aux deux endroits différents.

Plus que cinq épisodes et j'aurai terminé la série. Francis Perrin se dit prêt à reprendre le rôle dans un article du 7 septembre 2022 sur le site Internet « Puremédias », mais pour l'instant, du côté de France Télévisions, il n'en est pas question. Personnellement, je n'y crois pas un instant. Même si la série fait des records d'audience en ce moment dans le cadre des rediffusions sur la chaîne C8.

Le temps est bien gris. Je ne pense pas que l'été sera extraordinaire. J'attends surtout de la tranquillité, de la sérénité, moins de tracas.

Je ferai peut-être quelques sorties. Il y a un concert gratuit de Marc Lavoine le 19 juillet à Valence.

J'ai appelé ma cousine et pris de ses nouvelles. Tout va bien pour elle et sa famille. Je lui avais souhaité les vœux. En novembre dernier, je lui avais adressé « L'année d'Emma Marrone », mon *journal* 2019.

J'ai ensuite vu le 9ᵉ épisode de « Mongeville », « Comme un battement d'ailes ».

Les travaux continuent dans mon immeuble, on entend le marteau et la perceuse toute la journée, cela devient pénible. Je pense que c'est encore dans l'appartement du rez-de-chaussée en pleine réfection.

En soirée, j'ai regardé « Oscar » avec Louis de Funès, film de 1967 d'Edouard Molinaro.

Le film est un festival de gags et de quiproquos, de chasses à des valises remplies soit de billets, de bijoux, ou de vêtements féminins. De Funès fait un formidable numéro de comédien.

Après ce film comique, je fais ma première soirée musicale avec la chanteuse italienne Annalisa en visionnant ses clips. J'ai vu son concert de 2018 en deux fois les 25 avril et 11 mai, et déjà une partie de ses clips le 12 mai. Je reviens vers elle ce soir.

Annalisa est plus sexy qu'Alessandra Amoroso. J'aime ses chansons dont on retient les mélodies à la première écoute. Elle a toute sa place dans mes moments de musique et de charme après le film ou la série du soir, à la cadence d'un jour sur quatre, en alternance avec les trois autres dédiés à Emma, Alessandra Amoroso et Giorgia.

Le problème avec Annalisa est que je connais très peu ses chansons à part « Bye bye », et il faut me familiariser avec son univers musical, ses tubes, ses bonnes et moins bonnes chansons. Le temps arrangera les choses.

Dimanche, il y a la fête annuelle des canaux de Valence, j'ai proposé à ma fille d'y emmener Lohan, d'aller le chercher le matin et de le ramener le soir.

10 juin

Emma sort un single avec Tony Effe, « Taxi sulla luna », soit « Un taxi sur la lune ». Ce Tony Effe a récemment été disque d'or avec un morceau intitulé « Boss ». Le nouveau titre est produit par **Boomdabash**, qui a travaillé avec **Alessandra Amoroso et Annalisa**.

Il faut espérer que ce n'est qu'une parenthèse, car nous sommes loin des chansons de variétés pop-rock de la chanteuse italienne.

Lucas est intéressé par la fête des canaux. Je pensais qu'il était trop grand et que cela n'aurait intéressé que son frère.

A partir du 23e épisode de « Mongeville », « Ecran de fumée », les intrigues se déroulent à Lyon au lieu de Bordeaux. On ne nous explique pas ce changement de cadre, tous les protagonistes se retrouvant dans ce nouveau lieu.

L'épisode en question est basé sur un scénario assez sombre. J'enchaîne avec le suivant, « Le bal des tartuffes ».

Je deviens fan de Francis Perrin avec cette série. « Mongeville » est moins bon que « Commissaire Magellan », mais l'acteur apporte une plus-value extraordinaire à la série.

Mes pantoufles ont rendu l'âme, et je me suis rendu en zone artisanale pour en acheter d'autres. Je n'ai pas dû en changer depuis que ma mère n'est plus là. Elle achetait à Daxon, par correspondance, des produits confortables, mais chers. Pour dix euros, j'ai de nouvelles pantoufles, j'ai regardé sur le site de Daxon, et les modèles que j'avais, avec les frais d'envoi, coûtent 36 euros.

Ce ne sont pas des économies de bout de chandelle, car les petits ruisseaux font les grandes rivières.

Le temps est changeant, lorsque je suis sorti, il était à l'orage, à présent le ciel est redevenu bleu et le soleil l'inonde.

Après le repas, j'ai regardé le 25e épisode de « Mongeville », « Les ficelles du métier », qui est l'avant-dernier de la série.

Je suis inquiet ce soir, je n'ai pas de nouvelles de ma fille, alors que je dois récupérer demain mes petits-enfants pour les conduire à la fête des canaux.

Je n'apprécie pas les situations où je suis dans l'incertitude. Cela me provoque vite de l'anxiété.

Je n'aime pas vivre dans l'inquiétude du lendemain. Devoir toujours attendre telle ou telle nouvelle qui conditionne mon moral.

Je préfère une vie organisée, rangée, sans mauvaise surprise.

Ma vie est comme une ficelle sur laquelle je tire sans arrêt et qui un jour finira par casser.

Dalida est morte à cause d'un coup de téléphone qu'elle n'a pas reçu et qui l'a poussée au suicide.

Elle a écrit : « Pardonnez-moi, la vie m'est insupportable ». Et je la comprends, vivre dans une perpétuelle incertitude n'est pas possible.

Je mourrai un jour à cause d'un téléphone qui ne sonnera pas.

Le dernier clip d'Emma, en duo avec Tony Effe, ne me plaît pas du tout. J'ai regardé ce soir ses premiers clips comme « Amami ».

J'ai mis le réveil à six heures du matin pour demain.

11 juin

J'ai fait un terrible cauchemar. Ma mère y était vivante, je m'étais absenté, et à mon retour, des gens s'étaient emparés de toutes mes économies, je ne pouvais plus m'acheter de CD.

Le réveil a sonné à six heures mais je me suis rendormi une heure. A huit heures, j'étais fin prêt.

Nous avons passé une bonne journée au Parc de la Marquise, où Lohan venait pour la troisième fois.

Lohan, au moment de faire la balade en barque sur le canal de Valence avait peur. Nous avions avec Lucas attendu dans la file pendant une heure, et il n'était plus décidé à venir.

Finalement, malgré quelques réticences, il aura été très heureux de cette journée.

Nous passions une bonne journée quand Lohan nous a dit vouloir aller aux toilettes. Avec Lucas, nous l'avons suivi mais il est parti d'un pas rapide.

Au bout de cinq ou dix minutes, il n'était de toute évidence pas dans les WC et nous avons paniqué Lucas et moi.

Lucas est parti à la recherche de son frère, pour le retrouver à l'endroit où nous nous trouvions auparavant. La façon dont il est sorti des toilettes à l'insu de Lucas et moi restera un mystère, vu la configuration des lieux.

Il est bien dommage que cet incident, une grande peur pour moi, ait quelque peu gâché la journée.

Après la fête et le pique-nique au Parc de la Marquise, mes petits-fils sont venus dans mon appartement. J'ai joué aux petites voitures avec Lohan tandis que Lucas s'amusait avec son Iphone.

Ce soir, je regarde le dernier « Mongeville » inédit, « Béton armé ». Il est dommage que la série se termine avec un épisode que je trouve en retrait, c'est-à-dire moyen.

Puis, je visionne un concert d'Alessandra Amoroso à la télévision « Radio Italia live 2021 ». Elle a une minijupe et des bottes qui me donnent des idées bien coquines. J'ai enchaîné ensuite avec une série de clips de la belle Ale.

Je me suis couché à trois heures du matin.

12 juin

Mes petits-fils m'ont mis de bonne humeur.

Sans surprise, on passe du froid au très chaud. Il n'y a plus de saison intermédiaire.

Ce matin, j'ai trouvé ma fille fatiguée. Elle m'a appelé peu après mon réveil.

J'ai une vingtaine de films à voir, mais je pense donner la priorité au Blu-ray « La fièvre au corps » qui est mon 3e film préféré de tous les temps après « Morts suspectes » et « L'homme au pistolet d'or ». « La fièvre au corps » se déroule en été, en Floride. C'est un thriller sur le thème mari-femme-amant, avec une intrigue de manipulation. Et une superbe musique de John Barry. La vedette masculine, William Hurt, nous a quitté le 13 mars 2022 à 71 ans. Kathleen Hurt qui lui donne la réplique n'a pas eu de chance, sa carrière a été brisée par la polyarthrite rhumatoïde, alors qu'elle était partie pour être une grande vedette à la suite de son rôle dans « A la poursuite du diamant vert ». Peu de gens connaissent « Body Heat » soit « La fièvre au corps », sorti en 1982, qui fut le premier film de Kathleen.

La mort de Silvio Berlusconi à 86 ans est ignorée par le journal de TF1 qui se concentre sur les inondations à Paris et Toulouse. J'ai toujours considéré ce politicien comme une personne peu recommandable. Comme disait Coluche, « Les morts sont toujours des chics types ». Ce sera difficile à dire en la matière.

En revanche, l'affaire des enfants qui ont survécu en Colombie après le crash d'un avion, et que l'on a retrouvés après 40 jours dans la jungle, n'en finit pas d'occasionner des commentaires et reportages.

Les gens commencent à simuler le montant de leur retraite à partir des conséquences de la réforme.

Je reprends la série « Mongeville » à partir du premier épisode, « La nuit des loups ». Ce pilote est vraiment en retrait par rapport à la qualité de la série.

Début 2022, j'ai acheté quelques disques de musique classique, mais je me rends compte que j'ai oublié Richard Wagner. Cela dit, il est surtout connu pour ses opéras, genre que je n'aime pas.

Dans ma discothèque CD classique, il y a Bach, Beethoven, Berlioz, Chopin, Debussy, Dvorak, Gershwin, Haydn, Mozart, Richard Strauss, Saint-Saens et Tchaikowsky. Ce qui est déjà bien pour quelqu'un qui n'y connaissait absolument rien avant. J'ai 39 CD de musique classique.

J'ignorais bien des choses, par exemple que Beethoven a composé l'hymne européen (« Quand tous les chemins du monde chanteront la liberté »). En fait, c'est la 9e symphonie de Beethoven.

Je me suis intéressé à la musique classique à la suite de ma passion pour la musique de films (j'ai compté 509 CD de ce genre dans ma collection).

Ce soir, en ce début juin, j'ai regardé « La fièvre au corps » en Blu-Ray. J'ai beau connaître chaque plan, chaque dialogue de ce film par cœur, il m'enchante toujours.

Ensuite, j'ai enchaîné avec des clips de la sensuelle Giorgia.

13 juin

J'ai fait des rêves embrouillés qui n'avaient aucun sens.

Le ciel est gris ce matin.

J'ai cherché partout hier soir, sans trouver de pyjamas d'été. Ce matin, je me suis rendu à Kiabi en acheter deux, et les ai lavés. Puis j'ai appelé Monsieur C. qui dirige l'entreprise d'aide-ménagère afin de savoir à quelle heure il vient demain : entre 13h30 et 14h00. J'ai été soulagé car ce genre de bricolage n'intéresse personne. J'ai hâte que ce sujet soit clos.

J'ai revu le 2e épisode de « Mongeville », « A l'heure de notre mort ». Dans les premiers épisodes, la série n'a pas la qualité que je lui trouve ensuite.

Je viens de compléter le site Internet Movie Data Base (IMDB) d'un épisode manquant des « Cinq dernières minutes » avec la fille de Raymond Souplex, Perrette Souplex, dans l'ultime version avec Pierre Santini.

Je fais cela bénévolement. Pour l'amour des œuvres de fiction. Dans la foulée, j'ai corrigé le Wikipédia de Perrette Souplex, qui mentionnait à tort qu'elle avait joué avec son père Raymond Souplex dans la série.

La confusion vient du fait qu'il y a deux épisodes qui portent le titre de « Dernier Cri », un en 1960 avec Souplex, un en 1995 avec Santini.

Il faut dire que j'ai beaucoup de temps libre pour faire cela. Cependant, quand je travaillais, je contribuais au site « Le monde des Avengers » en faisant des chroniques de séries, prenant cela sur mon temps de loisirs.

Internet me passionne. On y trouve tout. Je regrette bien de n'y avoir eu accès qu'en décembre 2001. Avec Internet, j'aurais appris sans doute dès 1995 la mort de ma chère Muriel Baptiste.

Aujourd'hui, je peux suivre l'actualité d'Emma Marrone, qui donne son prénom à ce *journal*.

Deux films ce soir au programme : « Flics de choc » de Jean-Pierre Desagnat avec Chantal Nobel, que je voulais revoir depuis longtemps ; et « Julie, pot de colle » avec un acteur que j'adore, Jean-Claude Brialy.

« Flics de choc », datant de 1983, que j'ai vu plusieurs fois à la télévision, est un film trop violent.

J'ai infiniment préféré « Julie pot de colle » et le charme de Marlène Jobert à l'autre film, que j'ai sans doute trop vu.

C'est ensuite à Annalisa à m'occuper avant la nuit avec ses clips enchanteurs.

Sur la messagerie du réseau social « Snapchat », j'ai montré à Lohan que j'ai acheté les nouveaux biscuits au Nutella qu'il aime, les B Ready, et que j'ai trouvés aujourd'hui à Intermarché. Je dois remercier deux femmes qui m'ont montré l'endroit où cela se trouvait. Il faut dire que je cherchais la marque « Biredi » !

Annalisa est bien belle, c'est une excellente chanteuse, mais comme femme, elle ne m'attire pas. Elle est trop parfaite, et semble trop timide. On pourrait faire le même reproche à Ale, mais cette dernière quand elle le veut sait exprimer sa féminité et sa sensualité. En jupe courte et en robe, je la trouve craquante.

14 juin

Je me suis couché très tard, ayant regardé deux films et tous les clips ou presque d'Annalisa.

Ma fille m'appelle tôt (enfin, à 9h30 !) et je suis dans le brouillard, lui répondant souvent à côté.

Lohan est privé de téléphone, et il faudra que je lui renvoie le message « Snapchat », car sur ce réseau social, les discussions sont éphémères et disparaissent vite.

Je suis à la retraite, mais j'ai mal choisi mon jour pour me lever tard, en raison de la visite du directeur de la société d'aide-ménagère.

Pour me mettre en forme, je revois le 3ᵉ épisode de « Mongeville » : « Le dossier Phébus ».

Lucas dimanche m'a qu'il avait envie d'aller à la fête du Petit Saint-Jean à Valréas. Ce spectacle son et lumière est considéré comme une des plus belles fêtes de toute la Provence. Je m'y suis rendu déjà plusieurs fois. Mes parents m'y avaient emmené très jeune (vers 1964) et je n'en avais qu'un souvenir confus. Puis, nous y sommes retournés avec ma mère en 1984 et 1985. En 1986, j'avais voulu y aller après le film du soir, « L'affaire Dominici » avec Jean Gabin, et nous étions arrivés après la bataille.

En 1990, j'avais prévu d'y conduire mon épouse et mes enfants, mais me suis trompé de jour. La Saint-Jean est le 24 juin mais la fête est le 23 au soir.

Nous y sommes donc retournés en 1991 (de mémoire). Depuis, j'ai le souvenir de m'y être rendu avec ma mère et ma fille qui était encore petite, sans doute en 1992, et une dernière fois seul en 1995. Ensuite, j'ai estimé que je l'avais assez vue. Il faut dire que c'est toujours le même spectacle.

Nous irons avec Lucas et nous profiterons pour saluer de la famille qui habite Valréas.

Les fêtes médiévales sous forme de spectacles son et lumière avec retraite aux flambeaux sont fréquentes le 23 juin en Provence. Et sans doute ailleurs.

Je parlais hier dans ce *journal* des ordinateurs à travers ma réflexion sur Internet. Ce jour, l'ordinateur a bien failli me jouer un vilain tour. J'écris mon *journal* avec le logiciel Word. Je fais des sauvegardes régulières sur un disque dur externe. Malgré ces précautions, j'ai bien cru un instant ce matin avoir tout perdu. Je vais épargner au lecteur ces détails techniques. Tout est bien en ordre et conservé.

Je déteste les contraintes. Etant à la retraite, je peux enfin profiter de tout mon temps libre à ma guise. Mais il y a des jours où des rendez-vous m'obligent à respecter des horaires. Cela demeure l'exception.

« Mongeville » est une série qui me plaît vraiment. J'envisage de la regarder plusieurs fois. A chaque vision (j'en suis à la deuxième), je découvre des détails qui m'ont échappé.

Dans la première partie de la série, il est question de sa fille, mais les scénaristes perdent ce fil rouge en chemin.

Il y a plusieurs incohérences dans la série qui compte 26 épisodes et un téléfilm hors-série, « Mongeville et

Magellan », ce que les américains appellent un « Crossover ».

En fait, ce manque d'unité provient de l'absence d'un coordonnateur des scénarios.

Je suis vraiment surpris par ma déception après avoir revu hier « Flics de choc » que je rêvais de pouvoir visionner à nouveau après tant d'années. Les souvenirs nous trompent, on enjolive tout.

Il est peut-être heureux que je ne puisse pas revoir la série « Match contre la vie » avec Ben Gazzara, qui n'a pas été rediffusée depuis 1973. Je serais sans doute déçu.

Aujourd'hui, les lycéens passent leur baccalauréat de philosophie. Dans ce *journal*, je ne parle pas de tout. Par exemple, j'ai totalement ignoré le festival de Cannes, car le cinéma d'aujourd'hui ne m'intéresse plus.

Tout noter ici deviendrait fastidieux, il faut que cela reste lisible.

Cela peut sembler absurde, mais je manque de temps. Je me demande comment je m'arrangeais lorsque j'étais en activité, avec un travail à plein temps.

Je voudrais pouvoir arrêter le temps, le suspendre, pour profiter davantage de toute chose, et à l'instant me revient en mémoire la très belle chanson de Sacha Distel.

« Si l'on pouvait arrêter le temps »

Si l'on pouvait arrêter le temps
Sur la tendresse de ton sourire
Si l'on pouvait dérober au temps
A passer le temps, les promesses
De nos désirs

Alors, les douleurs et les pleurs du passé
Devraient mourir comme l'écume de la mer
Alors, ton regard bleu ne serait plus blessé
Et l'espérance serait notre réel

Si l'on pouvait arrêter le temps
Sur un grand secret
De ma mémoire

Si l'on pouvait arrêter le temps
En jetant l'autre
Dans un abîme

Si l'on pouvait hanté par le vent
Traverser le temps
Vivre d'avenir

Maintenant

Sacha Distel me manque beaucoup. Il est parti bien trop tôt. Il aurait eu cette année 90 ans en janvier.

En 1973, dans son 33 tours « Chansons pour toi », il a enregistré une des chansons que je préfère dans son répertoire. Elle est peu connue. « Je prends le temps de vivre ». Comme il avait raison ce cher Sacha. J'écoute souvent ce titre, je le fredonne.

Je prends le temps de vivre
Le temps qu'il faut pour vivre
Je prends tout le temps de m'arrêter
Pour prendre le vent
Et tant pis si je perds du temps
C'est bon d'oublier le temps
Tant pis
C'est trop joli la vie

Je prends le temps de vivre
Le temps qu'il faut pour vivre
Tant pis si le temps c'est de l'argent
Je prends tout mon temps
Et tant pis si je perds du temps
C'est bon d'oublier le temps
Tant pis
C'est trop joli la vie

Je prends le temps
Le temps de rêver
Je prends le temps
Le temps d'exister

Je prends le temps de vivre
Le temps qu'il faut pour vivre
Tant pis pour le temps le temps perdu
Qui ne revient plus
J'aime écouter passer le temps
Écouter vivre le temps
Tant pis
C'est trop joli la vie

Je prends le temps
Le temps de rêver
Je prends le temps
Le temps d'exister

Je prends le temps de vivre
Le temps qu'il faut pour vivre
Je prends tout le temps de m'arrêter
Pour prendre le vent
Et tant pis si je perds du temps
C'est bon d'oublier le temps
Tant pis
C'est trop joli la vie

Monsieur C. est venu un peu avant 13h30, et j'ai eu une mauvaise surprise. Dans l'emballage non ouvert de kit d'évacuation portes et fenêtres pour climatiseur mobile, il devait y avoir 50 pastilles velcro adhésives. Il n'y en avait en fait que 8, ce qui rendait impossible son utilisation.

Après étude, comme il faut coller et démonter le kit après chaque utilisation du climatiseur, Monsieur C. m'a proposé de me faire un tasseau en bois qu'il va peindre en blanc et couper, de la dimension de ma fenêtre, pour surélever le dispositif du tuyau à la bonne hauteur.

Il m'a confirmé que même pour lui qui est bricoleur, ce n'est pas facile à faire. Aussi, pour moi qui ne suis pas habile en bricolage, cela relève de l'impossible. Il doit revenir lundi avec le tasseau.

Je ne sais pourquoi mais la mise en route de ce climatiseur me faisait faire du souci, et je n'avais pas tort. Monsieur C. a constaté que j'étais assez contrarié. Il m'assure cependant que nous ferons un essai ensemble pour que je sache me débrouiller et mettre le climatiseur dans ma chambre si besoin est.

Après son départ, j'ai constaté que la contrariété avait altéré ma digestion, j'ai presque été malade. J'ai appelé ma fille pour avoir un peu de réconfort, qu'elle m'a procuré.

Darty étant responsable de la vente du kit incomplet, j'ai répondu à un sondage de satisfaction de la façon que l'on peut imaginer. J'ai été immédiatement contacté par téléphone, et l'on va me remplacer le kit.

En début de soirée, il y a eu sur Internet une émission sur James Bond en direct, à laquelle j'ai participé par mes commentaires.

Puis, j'ai regardé « Le Coup du parapluie » avec Pierre Richard. Un film très drôle de Gérard Oury.

Il s'agit de quiproquos en série qui ne sombrent jamais dans la pantalonnade. Il y a plusieurs allusions à la série des « James Bond » : la présence de Gert Froebe (l'interprète de Goldfinger), le répondeur téléphonique disant que Pierre Richard est en train de tourner un Bond avec Roger Moore, l'homme traîné en mer par un yacht (extrait du roman de Ian Fleming « Vivre et laisser mourir » et adapté à l'écran dans le film « Rien que pour vos yeux »).

Oury sans le savoir a anticipé sur la suite de la série « James Bond » : il nous montre Didier Sauvegrain, au look efféminé, voulant étrangler Pierre Richard. Il y a en 1987 dans le premier Bond avec Timothy Dalton un personnage semblable, Kronos, incarné par le danseur Andreas Wiksniewski, un tueur qui étrangle ses victimes avec son walkman.

J'ai terminé la journée en regardant des clips d'Emma.

Aujourd'hui, j'ai travaillé sur le wikipédia des albums sortis par Sacha Distel : il en a enregistré 52 de 1957 à 2003, dont la majeure partie non rééditée en CD. J'en possède seulement 5 en 33 tours et 8 en CD. Je ne compte pas évidemment les nombreuses compilations CD que j'ai et qui mélangent diverses époques à la façon des « Best of ».

Si je veux un jour reprendre la collection de ses albums, ayant tous les CD, il me restera uniquement des albums vinyles à acheter, qui sont encombrants, et pas pratiques à écouter. Il me manque beaucoup d'albums 33 tours : outre le coût, je ne saurais où les ranger dans mon appartement. Dans les 52 albums studio et live que je cite, figurent les éditions étrangères chantées en anglais, allemand et italien.

15 juin

J'ai fait un terrible cauchemar sur mon ancienne entreprise, le 31eme. Alors que l'on s'apprêtait à me faire partir en retraite, bien que je sois retourné travailler, j'ai découvert un immense serpent dans un bureau. J'ai voulu alerter les responsables et les employés, mais on ne l'a pas retrouvé.

Je n'avais plus rêvé à mon ancien travail depuis le 3 juin.

Je revois « Mortelle mélodie », le quatrième épisode de « Mongeville ».

Après ma visite au psy, j'ai revu le premier épisode de « Commissaire Magellan », « Roman noir ». Pour moi, c'est la meilleure série policière française de ces dernières années, avec « Mongeville ».

J'écoute à présent un 33 tours de Sacha Distel sur ma platine vinyle. Ce n'est pas si compliqué. Tout n'existe pas en CD et c'est un bonheur de pouvoir écouter les anciens disques de Sacha.

J'ai regardé ce soir « L'incorrigible », que j'ai aimé pour Geneviève Bujold, actrice vedette de mon film préféré de tous les temps « Morts suspectes ». Elle y donne la réplique à Jean-Paul Belmondo. En voyant des films aussi légers que « Julie pot de colle » ou celui-là, je ne devrais pas faire de cauchemars cette nuit.

Ensuite, j'ai vu des clips de la belle Alessandra Amoroso.

16 juin

Je me suis réveillé très tard ce matin, à 9h30. Fort heureusement, je n'ai pas d'obligations ou de rendez-vous aujourd'hui.

Je me suis rendu au cimetière, n'y restant pas longtemps à cause de la chaleur. Le dipladénia, que j'ai arrosé, résiste bien.

J'ai regardé le cinquième épisode de « Mongeville », « Un silence de mort », puis le deuxième « Magellan », « Théâtre de sang ».

Pendant que je regardais « Magellan », j'ai reçu un appel d'Alain M. du Cercle Algérianiste, dont j'étais sans nouvelles alors qu'il m'envoyait souvent des mails.

Ce soir, je regarde en Blu-Ray « L'homme au pistolet d'or ». Si l'image est censée être meilleure que celle du DVD, je dois admettre que la bande son française est moins bonne, le son est parfois « caverneux ».

Ensuite, c'est le soir de Giorgia. Mais je dois confesser que je pense beaucoup à Alessandra Amoroso, au point de regretter de ne pas être allé la voir en concert à San Siro l'an dernier, ce qui n'est que partie remise.

« Ale » me plaît vraiment. Moins jolie que Giorgia et Annalisa, elle a ce petit quelque chose qui me rend fou d'elle. J'aurais tant aimé que la vie mette sur ma route une femme comme elle, elle m'aurait comblé.

17 juin

Hier soir, je me suis couché à minuit, espérant me lever plus tôt. Or, le matin, je constate que je suis fatigué et ne me réveille pas avant neuf heures.

Après quelques courses ce matin, je reste à l'abri de la chaleur chez moi.

J'ai regardé le sixième épisode de « Mongeville », « Les ombres d'un doute ».

Hier, il y a eu un tremblement de terre qui a été ressenti sur tout l'ouest de la France. Il se trouve que dans mon canapé, mais je n'ai pas noté à quelle heure, le sol a semblé bouger. J'ignore s'il y a un rapport.

J'ai commencé à débarrasser ma cave en emmenant des encombrants à la déchetterie, mais avec une température de 31 degrés, j'ai mal choisi mon jour.

Il faudra du temps pour faire du vide. « Paris ne s'est pas fait en un jour ».

Emma a fait un mini-concert à Messina pour le festival d'été Tezenis. Elle a chanté « Mezzo mondo », « L'amore non mi basta », « Cercavo amore » et « Io sono bella ».

Quelle chance de pouvoir tout trouver sur Internet et de regarder ensuite sur le poste de télévision !

J'ai revu ensuite le troisième épisode de « Magellan », « Noces funèbres ». Jacques Spiesser, né en 1947 a tourné cette série de 2009 à 2021. S'il est crédible en commissaire dans les premiers épisodes, il l'est moins âgé de 74 ans dans les derniers. L'avantage qu'a Francis Perrin né la même année est que dans « Mongeville », il incarne un juge en retraite. Il a commencé la série en 2013 à 66 ans et l'a terminée en 2021 à 74, comme son confrère. Il ne faut pas trop réfléchir quand on suit une série policière, et faire fi de l'âge des comédiens.

Ce soir, j'ai vu un film désopilant avec Louis de Funès et Christian Marin, « Pouic Pouic », puis des clips d'Annalisa.

Au sujet de cette dernière, j'ignore si je vais continuer à regarder ses clips et concerts un soir sur quatre. C'est une bonne chanteuse mais je n'en suis pas fan.

18 juin

Je ne me souviens pas de ce que j'ai rêvé cette nuit. Au petit matin, je me suis réveillé ayant mal au ventre, sans que cela soit la conséquence d'un abus alimentaire, car je n'ai pas beaucoup mangé hier soir. Je me suis alors rendormi, étant fatigué. Il me semble que les anxiolytiques sont trop forts, et je vais diminuer la dose. En me rendormant, j'ai alors fait un rêve.

Je ne risque pas de l'oublier. Il concerne Emma. Pour ceux qui ont vu le film de Marco Bellocchio « Le diable au corps », nous étions comme Maruschka Detmers et Federico Pitzalis dans la scène qui fit scandale au festival de Cannes 1986. Emma avait posé sa tête sur mes genoux et me faisait une gâterie. J'ai rarement fait ce genre de rêve à part celui mentionné avec Cindy le 6 octobre 2015.

Pour une fois, ce n'était pas un cauchemar sur mon ancien lieu de travail.

Dans le clip de « Luci blu », Emma est allongée sur un canapé, la tête posée sur la jambe de son compagnon. Mais il s'agit d'une histoire dramatique, et là s'arrête la comparaison avec mon rêve. Emma n'a fait qu'un clip suggestif, « Occhi profondi ». Mon rêve ne s'y référait pas. Il est étonnant qu'il survienne à un moment où je fantasme plus sur Ale que sur Emma. En me réveillant, je me suis fait la réflexion que ce songe est peut-être une mise au point sur le fait qu'Emma est la seule personne importante pour moi.

Claire m'a appelé pour me souhaiter la fête des pères.

J'ai regardé le septième épisode de « Mongeville », « Disparition inquiétante ».

Ensuite, j'ai écouté Joseph Haydn. J'ai un double CD de ses symphonies.

Il fait bon dans mon appartement (le baromètre indique 27 degrés), je n'ai nul besoin de sortir, j'entends des enfants qui s'amusent dehors.

Je n'ai pas aimé le film de ce soir, « Cross » avec Michel Sardou et Roland Giraud. Je l'ai vu au cinéma en 1987 à Hyères pendant mon voyage de noces. Le gros problème du film est que Michel Sardou ne sait pas jouer. C'est flagrant quand on le voit aux côtés de Roland Giraud.

Le film est brutal et moche. Un festival de violence gratuite. Il y a pourtant de bons comédiens. En dehors de Giraud, Maxime Leroux, Patrick Bauchau, Marie-Anne Chazel.

Nous sommes très loin d'un film comme « Flic Story » avec Delon et Trintignant.

J'ai enchainé avec le concert d'Emma « Tre Punto Zero ».

19 juin

Aucun souvenir du rêve fait cette nuit mais ma mère y était présente.

J'ai appelé Monsieur C. qui devait venir aujourd'hui pour mon climatiseur et viendra demain à 15h00. Il est pour moi de plus en plus pénible de devoir dépendre du bon vouloir des autres, de les relancer sans cesse. Il était pressé et j'ai compris que je le dérangeais.

C'est le 37ᵉ anniversaire de la mort de Coluche, et approximativement (mais je n'ai pas la date exacte qui se situait à cette époque), celui de ma rencontre avec la mère de ma fille.

J'ai regardé le 8ᵉ épisode de « Mongeville, « Retour au palais ».

Puis « Le commissaire Magellan » après un déjeuner très bref, et je continue l'écoute des symphonies d'Haydn.

Au programme ce soir « Marius » avec Pierre Fresnay, premier film de la « Trilogie marseillaise ». Il y a la fameuse partie de carte : « Tu me fends le cœur ». C'est un film très agréable à voir. Je pensais que Marcel Pagnol l'avait mis en scène, or le réalisateur est en fait Alexander Korda. Orane Demazis en Fanny en fait parfois un peu trop. Pierre Fresnay ne semble pas assez concerné par son personnage. Surtout lorsqu'on le compare à Raimu. Fernand Charpin et Paul Dullac sont excellents.

Ensuite, j'ai vu l'émission de Radio Italia Live de 2014 consacrée à Alessandra Amoroso.

20 juin

J'ai rêvé de Mireille D. cette nuit, avec laquelle j'ai milité à la CGT quand je travaillais.

Ce matin, j'ai vu le 9ᵉ « Mongeville », « Comme un battement d'ailes ».

Je ressens une profonde fatigue, dormant mal, mais aussi une lassitude, la vie s'écoule et je n'arrive jamais à dominer mon stress pour une chose ou l'autre.

Je me nourris mal. J'apprécie ma solitude mais elle me pèse parfois. Je me fais du souci pour mes proches. Et pour des choses qui n'en valent pas la peine comme cette histoire de climatiseur. Tout cela se répercute sur ma santé. Ce sont mes intestins qui en font les frais. Malgré moi, je ne peux m'empêcher de me faire un sang d'encre à tout bout de champ.

Pour être tranquille, il faudrait que je me moque de tout, que je laisse les choses se dérouler sans les prendre à cœur. C'est plus facile à écrire qu'à faire.

Ainsi, j'attendais Monsieur C. ce jour à 15h00, il ne vient pas, je l'appelle, il me répond qu'il est certain de m'avoir dit mercredi et pas mardi.

Ma platine vinyle Technics a un diamant d'origine, et j'ai trouvé sage de le changer, j'ai donné la référence de ma platine sur Internet, et commandé un diamant : Le modèle est incompatible avec mon appareil. Mon appareil ne se fabriquant plus, j'ai tout intérêt à attendre et racheter une platine neuve dont on puisse changer les diamants. Un achat à faire avec circonspection. Et surtout pas dans la hâte.

Ce soir, j'ai regardé « Fanny », la suite de « Marius ». Puis des clips de Giorgia.

21 juin

Ce matin, j'ai eu une mauvaise surprise en consultant mes comptes bancaires. Le syndic a prélevé une somme non prévue qui vient pénaliser ma trésorerie.

J'ai cherché sur mon compte propriétaire en ligne et je n'ai rien compris. J'ai appelé le syndic mais l'employée au bout du fil ne comprenait pas mieux que moi, et a dû s'adresser à une personne plus qualifiée qui était déjà au téléphone, et qui doit me rappeler.

Je regarde « Mongeville » : « Légende vivante ».

J'ai eu un échange téléphonique avec la société qui m'a vendu le diamant et me propose de l'échanger par un modèle qui s'adapte sur ma platine. L'affaire devrait se résoudre plus facilement que prévu et sans changement d'appareil.

Cela sera bénéfique pour mes finances.

Les actualités télévisées et sur Internet sont centrées sur la disparition d'un petit sous-marin, le « Titan », parti visiter l'épave du Titanic.

Le reste des nouvelles concerne les orages qui ont détruit des maisons dans l'Ouest, le Centre et le Nord. Météo-France parle de vigilance orange dans beaucoup d'endroits.

Je continue de revoir « Commissaire Magellan ».

La personne qui devait s'occuper du climatiseur et de l'évacuation d'air chaud est venue. L'appareil est en route.

Lorsque j'ai voulu écouter à nouveau un 33 tours de Sacha Distel, le diamant ne lisait plus le disque. Le simple fait de l'ôter ce matin l'aura cassé ! Heureusement, j'ai gardé une chaîne de DJ, que j'ai pu brancher. Ce n'est cependant pas idéal puisqu'il n'y a pas d'arrêt en fin de lecture de disque. Une platine DJ n'est pas faite pour écouter un disque de variétés. Reste à espérer que lorsque je recevrai le diamant de remplacement, cela fonctionnera, sinon j'en serai quitte pour acheter une nouvelle platine. Il y a des moments où ma patience est mise à rude épreuve.

Quand je vois la fragilité des vinyles, je comprends que l'on soit passé au CD !

Pour la climatisation, je suis soulagé ce soir. Le problème est résolu, la canicule peut arriver, ceci étant je ne suis pas pressé.

Il y avait sur la chaine Youtube James Bond une émission sur John Barry, mais je n'ai pas appris grand-chose, et cela m'a retardé, « César », mon film du soir, durant 2h13.

J'ai trouvé le dernier film de la trilogie marseillaise émouvant. Je trouve que le ton est dramatique et grave.

Il me restait peu de temps ensuite, et j'ai regardé quelques clips d'Emma.

Il était minuit et quart.

22 juin

L'essentiel de l'actualité est l'explosion d'un immeuble à Paris, qui n'a pas fait de victimes.

Le petit sous-marin « Titan » n'a pas été retrouvé.

J'ai regardé le onzième épisode de « Mongeville », « Faute de goût ».

Après avoir vu un épisode de « Magellan », j'écris en direct ce *journal*. Valence et les environs sont en alerte orange. Il est donc trop tôt pour savoir si demain je pourrai aller avec mon petit-fils à Valréas.

Pour l'heure, j'écoute Haydn.

Ce soir, j'ai regardé « Tendre Poulet » avec Philippe Noiret et Annie Girardot. J'ai immédiatement reconnu le comédien Georges Riquier (1918-1998) qui jouait Eudes de Bourgogne dans « Les Rois maudits » et Alain David, alias Jacques Gabison, vu entre autres dans le James Bond « Moonraker », « Commissaire Moulin » et « Julien Fontanes, magistrat ». Le film mélange comédie et intrigue policière.

Hésitant entre deux genres, sans jamais quitter celui de la comédie, le film n'a pas réussi à me convaincre. Il y avait matière à réaliser un bon film policier, mais la succession de scènes burlesques m'a désorienté.

Ensuite, c'est la soirée Alessandra Amoroso, que j'aime de plus en plus. Je regarde ses chansons en live et en clips.

Valréas, 23 juin

Avant de partir, le matin, j'ai regardé le douzième épisode de « Mongeville », « Amicalement meurtre ».

Vers 15h50, j'ai pris la route pour aller chercher mon petit-fils Lucas mais suis tombé dans un embouteillage, et j'ai dû attendre une bonne demi-heure pour rouler sur l'autoroute.

J'ai pu récupérer Lucas peu après 17h00 et nous sommes arrivés une heure plus tard chez ma cousine à Valréas, où nous sommes restés jusque vers 20h00.

Je n'avais pas vu ma cousine depuis l'enterrement de sa maman en juillet 2004 et j'ai été très heureux de la revoir.

Ensuite, avec mon petit-fils, nous nous sommes rendus à la fête du petit Saint-Jean. La dernière fois que j'y ai participé, c'était en 1995, après avoir enchaîné cinq années (soit de 1991 à 1995). C'est toujours le même spectacle, et présenté comme une des plus belles fêtes de toute la Provence. Il ne faut pas en abuser.

Je l'avais vu tout petit (vers 1964-1966) avec mes parents, et n'en avais rien retenu, puis ma mère avait proposé que l'on s'y rende en 1984. Enthousiasmé, nous y sommes retournés l'année suivante, mais en 1986, j'ai fait la bêtise de vouloir regarder le film « L'affaire Dominici » avec Jean Gabin, ce qui nous fit partir de Montélimar à 22h30 et rater la fête.

Par rapport aux années passées, en 28 ans, le seul changement est qu'en 1995, le château de Simiane, qui est aussi la mairie de Valréas, était avant uniquement éclairé par les torches des compagnons de Saint-Jean. Dans la nuit, l'effet était assez saisissant, rappelant la scène finale du film d'Alfred Hitchcock « Rebecca » lorsque la gouvernante Madame Danvers se promène avec sa torche dans la demeure de Manderley avant d'y mettre le feu. Aujourd'hui, comme Lucas me l'a précisé, un éclairage au Led, tantôt rouge, tantôt bleu, projeté sur les murs, est associé aux torches, ce qui rend le spectacle sans doute plus moderne mais moins pittoresque.

Lucas a pu apprécier tous les aspects de la cérémonie, l'arrivée du cortège avec les flambeaux, le petit Saint-Jean sur un cheval avec un adulte, les deux intrépides soldats qui montent sur le toit du château aux deux extrémités et sonnent les trompettes.

Une chose m'a frappé. A l'heure où, au nom de la laïcité, on en arrive à interdire les sapins et les crèches à Noël, la nuit de la Saint-Jean est clairement un spectacle catholique puisque l'on présente l'agneau (qui enlève tous les péchés du monde), et malgré cela il se poursuit. Cette retraite aux flambeaux existe depuis 1504. Je sais qu'elle n'a pas eu lieu pendant la pandémie, en 2020 et 2021, et je doute que l'on y ait pensé durant les deux guerres mondiales.

Cela dit, l'aspect religieux reste discret, et c'est avant tout une fête dans l'esprit de celles du Puy du Fou.

Autre différence depuis la dernière fois en 1995. Lorsque le spectacle se termine à Simiane et que le cortège part dans les rues de Valréas, où se trouvent les manèges et attractions de la fête foraine, ces dernières avant éteignaient leurs lumières et s'arrêtaient à son passage, ce qui n'est plus le cas.

Lucas a été émerveillé par le spectacle, malgré un mal au pied, un ongle incarné et moi-même, devant rester en station debout assez longtemps, j'ai senti que j'avais pris de l'âge. Je n'avais pas ce problème il y a 28 ans. Cela m'interdirait aujourd'hui de me rendre, pour un concert, dans la partie appelée « la fosse ».

Il y a certes eu quelques petits accrocs, mais ils ont été vite oubliés. Ainsi, en rejoignant le centre-ville (ma cousine habite en campagne), la police barrant de nombreux accès, il m'a fallu chercher une place pour garer ma voiture. Pour cela, j'ai dû emprunter des rues étroites auxquelles je ne suis pas habitué, et à un moment, j'ai manqué avoir un accrochage qui aurait gâché la soirée. Dans ces rues étroites, les automobilistes roulent vite.

Nous avons voulu manger une pizza aux quatre fromages, il a fallu attendre longtemps avant qu'on nous serve, et cela relevait plus d'un morceau de caoutchouc que d'une pizza. Ce doit être la pire que j'ai mangé de ma vie.

Lucas a voulu jouer à diverses attractions qui l'ont comblé, celles des fêtes foraines qui n'ont pas changé depuis mon enfance. Beaucoup relèvent de l'arnaque, les fameuses pinces destinées à faire tomber dans l'escarcelle du consommateur un cadeau que la pince n'attrape jamais. Lucas a gagné un briquet à un jeu de casino, où il fallait accumuler des pièces et faire tomber des piles de jetons qui sont « bien accrochées », mais tout cela n'a pas d'importance. L'essentiel est qu'il se soit bien amusé.

Nous avons vu passer le cortège de près à deux reprises, juste après la cérémonie, puis au milieu des attractions foraines. A minuit, nous avons levé le camp, je l'ai ramené chez lui à une heure et suis arrivé chez moi peu avant deux heures du matin.

Mon petit-fils n'a jamais été aussi gentil et affectueux. Ce fut un véritable moment de partage et de bonheur.

Valence, 24 juin

J'ai encore fait un cauchemar sur mon ancienne entreprise, le 32eme !

Puis, alors que je me réveillais, vers 9h40, j'ai entendu un bruit strident dans l'appartement. La pile du détecteur de fumée était en panne, je l'ai remplacée.

En me rendant au supermarché pour en acheter une d'avance, j'ai rencontré mon ancien responsable de service, Paul C., retraité depuis 2019, que je croyais reparti à Angers dont il est originaire. Il m'a dit qu'il avait gardé une maison ici.

Il se trouve que je l'ai déjà mentionné le 7 février, j'avais rêvé de Paul C. dans le septième cauchemar sur mon lieu de travail.

En regardant la télévision, j'apprends qu'il y a un coup d'état en Russie et que Poutine est menacé par le groupe Wagner, en fait son leader Evgueni Viktorovitch Prigojine, qui ne vaut sans doute pas mieux que lui.

Bien entendu, j'aurais encore beaucoup de choses à dire sur la journée d'hier. Ma cousine m'a fait visiter sa maison, et m'a montré mes livres dans sa bibliothèque. Mais si je racontais tout, ce *journal* deviendrait un annuaire de téléphone.

J'ai regardé le crossover « Magellan et Mongeville : folle jeunesse ».

J'ai appris que Claude Barzotti est mort d'un cancer du pancréas à 69 ans aujourd'hui. Il semble qu'il ait été alcoolique.

Lohan est malade depuis lundi. Il a beaucoup de fièvre depuis plusieurs jours. Il serait question que ma fille l'emmène aux urgences.

Ce soir, j'ai regardé « Retour en force » avec Victor Lanoux et Pierre Mondy. C'est un film attachant.

Malgré le ton très comique de l'œuvre, je ne peux m'empêcher d'être triste en pensant à Lohan, malade.

J'avais commencé à regarder des clips de Giorgia lorsque j'ai su que RAI Uno diffusait en direct le spectacle « Italia Loves Romagna », dont les fonds récoltés iront aux sinistrés des inondations. Emma, Giorgia et Gianni Morandi y participent.

Gianni Morandi a chanté « Apri tutte le porte » et « Uno su mille », immédiatement suivi par Emma qui a enchaîné à 23h00 avec « Trattengo il fiatto », « Amami », « Cercavo amore » et « Io sono bella ». Elle avait les cheveux très noirs, courts, tirés en chignon. J'ai raté Giorgia qui est passée juste avant Morandi.

Emma était vêtue d'un pantalon et d'un blouson noirs, et avait ce maquillage sur les yeux que je n'aime pas, et qu'elle met souvent depuis quelque temps.

Les autres participants que j'ai vus sont Luciano Liguabue, Elodie, Max Pezzali, Madame, le groupe Negramaro, Blanco (qui s'est fait attendre !), un duo Elisa avec Ligabue, Tananai en duo avec Max Pezzali, un duo Elodie avec un rappeur dont je n'ai pas compris le nom, peut-être Rkomi.

Blanco avait déjà semé la zizanie au festival de Sanremo, il recommence ce soir en se faisant désirer, interrompant le concert le temps que Monsieur daigne venir.

Emma est revenue chanter en duo avec Fiorella Mannoia un titre de cette dernière : « Il pezzo del coraggio ». J'ai bien fait d'attendre. Emma ne s'est pas changée.

Puis, c'est encore Ligabue avec Tananai. Irama a fait un duo avec Elisa puis Max Pezzali avec Ligabue, ce dernier étant omniprésent.

Pour le final, Morandi est revenu chanter un titre de 1988, « Vita », qu'il interprétait en duo avec le regretté Lucio Dalla, ce soir Gianni le chante en trio avec Elodie et Fiorella Mannoia.

Il est 0h45.

Ce n'était visiblement pas prévu mais Morandi chante « C'era un' ragazzo che come me amava I Beatles e I Rolling Stones » en trio avec ses partenaires.

Il est temps d'aller se coucher.

25 juin

J'ai fait un cauchemar. Je regardais un documentaire sur un homme qui avait été guillotiné. Il peignait des cartes postales, et avait tué quelqu'un qui s'était moqué de lui pour cela.

Je me réveille toujours en ayant mal au ventre, mais heureusement, cela passe rapidement.

Lohan a une pharyngite et une potentielle infection pulmonaire qui nécessitera de passer une radio.

Cette après-midi, j'ai regardé le 13e épisode de « Mongeville », « Séminaire à vif ».

Ensuite pause musicale en écoutant Sacha Distel.

Ce soir, Emma est sur RAI 2.

Elle a commencé le spectacle avec Tony Effe, venant chanter « Taxi sulla luna ». Emma n'a jamais été aussi sexy, mini short et veste ouverte sur son soutien-gorge. On a vu Annalisa qui n'a rien à envier à Emma, portant une minijupe ultra courte (plus cela n'existe pas) avec un vêtement couleur métal.

Marco Mengoni chante « Due vite » qui lui a permis de gagner le festival de Sanremo cette année, puis son nouveau single en duo avec Elodie, « Pazza musica », où il s'éloigne de la variété italienne pour se rapprocher du rap.

Ces dames n'ont pas froid ce soir, que ce soit Emma, Elodie ou Annalisa, c'est à qui aura la tenue la plus légère !

Annalisa vient chanter « Mon amour » avec sa robe métal. Nek lui pose des questions sur son vêtement, elle lui répond qu'il est difficile de l'endosser. Elle dit que son album sortira en automne.

Elle revient chanter « Disco Paradise » (avec une nouvelle tenue toute aussi sexy) avec Articolo 31 et Fedez.

Nek, qui présente l'émission, n'a pas oublié qu'il est surtout chanteur, et interprète son nouveau titre en duo avec Francesco Renga, « Il solito lido ».

26 juin

J'ai fait un cauchemar oppressant cette nuit. Je me trouvais en Bretagne, dans un parc, au nord de la région, disons vers Le Folgoët. Ma mère, toujours en vie dans le rêve, m'attendait au sud, vers Pont l'Abbé ou Concarneau.

C'est alors qu'à l'endroit où j'étais, je rencontre Cindy, venue en France sans m'en avertir, alors qu'elle n'a jamais voulu le faire. Mais elle se montrait froide, réservée, et n'était pas comme dans notre correspondance.

Je me suis réveillé perturbé et ce rêve montre que je n'accepte pas la réalité : la mort de ma mère, et la fin de l'amitié avec Cindy, qui a duré plus de trente ans, de 1978 à 2009.

Cindy m'écrivait tous les jours en 2009 quand j'ai rencontré Isabelle T., qui fut ma compagne parisienne. Jalouse, elle ne m'a jamais pardonné et aujourd'hui, nous nous sommes quasiment, Cindy et moi, perdus de vue, tout au plus nous envoyons nous un message par Facebook une fois par mois, et encore.

J'ai regardé le 14ᵉ épisode de « Mongeville », « Parfum d'amour ».

A la FNAC, j'ai acheté une nouvelle platine vinyle.

Les 33 tours de Sacha Distel « Et je pense à toi » et « Chansons pour toi » passent très bien, mais « La musique et l'amour » auquel je tiens tant est abîmé, certaines chansons « sautent », je vais en racheter un exemplaire sur le site Discogs état neuf.

La soirée est placée sous le signe de l'inquiétude avec bien plus grave que cela, Lohan est hospitalisé. Je m'inquiète beaucoup.

J'ai regardé « Regain » avec Fernandel ce soir. Puis des clips de Giorgia.

27 juin

Je n'ai pas aimé « Regain », c'est du Giono et pas du Pagnol, il ne se passe rien. Le film est interminable. Il me fait penser à un documentaire.

Ce matin, Lohan a 38.1 degrés. Il a bien dormi, tousse beaucoup et mange très peu.

En attendant des nouvelles, j'ai regardé le 15e épisode de « Mongeville », « Meurtre à la une ».

Puis, j'ai écouté Sacha Distel sur ma nouvelle platine, c'est un vrai régal.

Ma fille m'informe que Lohan sort de l'hôpital, il a une pneumonie et un traitement d'antibiotiques. Claire n'a pas beaucoup dormi, tout comme moi, inquiet du sort de mon petit-fils à la santé si fragile.

Continuant de regarder Mongeville, j'ai enchaîné avec le crossover « Mongeville et Magellan : un amour de jeunesse ».

Encore une panne de SFR, un appel à la hotline, tout cela est bien exaspérant.

J'ai regardé ce soir un film de Georges Lautner, « Pas de problème ! », puis des clips d'Annalisa.

28 juin

J'ai rêvé cette nuit que l'agence matrimoniale Valérie Périnel m'adressait une candidate, une femme encore assez jeune, belle, divorcée avec quatre enfants, qui aimait les randonnées. Je n'en suis pas certain mais dans ce rêve, ma mère était toujours en vie. Je savais qu'avec la femme, je n'avais aucune chance. Je n'ai plus envie de faire le moindre effort pour les randonnées, et ma libido est en berne. Formule pudique pour dire qu'avec l'âge, je n'ai plus la forme pour faire grimper une femme aux rideaux.

Je viens de regarder ma fiche sur le site de cette agence, il est indiqué « Bonheur trouvé ». Il eut été plus correct de supprimer mon profil, mais pas de mentir ainsi.

Je craignais la canicule, mais avec l'installation faite par Monsieur C. il fait frais voire froid dans la maison, on ne peut pas fermer la fenêtre. J'ai voulu refermer un peu celle-ci hier et tout s'est effondré. Il a fallu que je replace le tasseau. Je crains qu'en cas de grand vent, il ne tombe en bas de la copropriété.

Ce matin, j'ai regardé le seizième épisode de « Mongeville », « La porte de fer ». Cet épisode est moins passionnant que les autres.

Hier soir, j'ai voulu jeter un coup d'œil sur les deux autobiographies de Sacha Distel, « Les pendules à l'heure » et « Profession musicien », cherchant des détails sur les enregistrements de ses albums, mais les livres me sont vite tombés des mains. Dès le début des années 70, il parle de ses cancers, ses chimiothérapies. Je n'aurais pas dû être étonné de son décès en 2004 car le cancer ne l'a pas ménagé.

A Nanterre, des violences ont éclaté, des voitures ont brûlé à la suite de la mort d'un adolescent de 17 ans tué par un policier. Comme toujours dans ce genre de faits divers, les polémiques éclatent entre les « jeunes » de banlieue et la police, sur fond de divergence politique.

C'était la dernière émission sur James Bond sur la chaîne Youtube jusqu'à la rentrée, un débat sur entre-autres « Bons baisers de Russie » qui s'est terminé à 23h15.

Ensuite, malgré l'heure tardive, j'ai voulu revoir « La fièvre au corps », un de mes films de chevet. Il est de saison, se passe en pleine chaleur comme le dit son titre original « Body heat ». Je viens de revoir le film le 12 juin.

Il était trop tard pour faire ma soirée musicale Emma, que j'ai reporté au lendemain, après avoir vu trois fois de suite la chanson « Ogni volta è cosi » au festival de Sanremo 2022.

29 juin

J'ai fait cette nuit le pire cauchemar dont je puisse me souvenir. Il était en partie ancré dans la réalité. Je ne tiens pas à raconter sur ce *journal* des choses trop privées. Pour faire simple, entre juillet 2004 et septembre 2005, ma fille et moi nous étions brouillés pour une histoire de pension alimentaire. J'en payais une, sa mère voulait que j'en paie une complémentaire pour ses études. Le cauchemar se passait en 2023, mêlant des vivants et des morts. Ma mère était à mes côtés, il y avait aussi le grand-père maternel de ma fille. Ce rêve oppressant est sans doute arrivé car je suis agacé de devoir aller à la consultation du psy aujourd'hui, alors que j'attends un paquet de la poste, le facteur passant souvent dans ces cas-là durant mon absence.

Je suis heureux d'être réveillé et j'ai chassé ce mauvais songe.

Je n'aime pas le jeudi en raison de la visite au psy qui me « coupe » la journée. Je ne peux rien entreprendre ce jour-là.

Après être allé chercher mon pain, j'ai regardé le 17e épisode de « Mongeville », « Vénus maudite ».

J'ai reçu le DVD du film « Il ritorno » avec Emma. C'est une histoire sombre. Emma joue très bien, elle tient le premier rôle. Voilà une chose qui l'aura, je pense, retardée dans la sortie de son nouvel album. Le film est sorti le 15 décembre 2022 en Italie et pas en France à ce jour. La parution du DVD rend inutile un déplacement au cinéma.

Dans ce film, on est très loin de la chanteuse glamour qu'elle est, par exemple au festival de Sanremo 2022 avec « Ogni volta è cosi ». En bonnet, jean, veste, travaillant la terre, Teresa qui sort de prison est émouvante. Mais que le film est triste !

La vie de la chanteuse ces dernières années n'a pas été très gaie, entre son cancer en 2019 et la mort de son père en 2022. Si Emma est indubitablement une bonne comédienne, je me demande pourquoi elle n'a pas choisi un scénario un peu plus joyeux.

Le film lui-même est du cinéma réalité, à la limite du documentaire. Dans un court passage, elle veut faire l'amour avec son mari qui la repousse (le fou !) et arbore une fière poitrine, que nous n'avions jamais vue jusque-là.

Sans Emma, aurais-je vu ce film ? Poser la question, c'est y répondre. On est plus proche ici de Claude Sautet que d'un James Bond.

Tout au long du film, Emma a un regard dur, un visage fermé. Je regrette que Stefano Chiantini, le metteur en scène, nous propose un tel découpage de scènes qui s'enchaînent avec plus ou moins de bonheur les unes avec les autres. Il y a trop de plans nous montrant Emma de dos en train de marcher.

Dans la mesure où je doute qu'Emma ait envie de tourner un polar ou une comédie, je souhaite qu'elle retourne le plus vite possible faire ce qu'elle fait le mieux : ses albums de chansons et ses concerts.

J'ai noté que dans « Il Ritorno », il n'y a pas assez de dialogues, ce qui accentue l'aspect documentaire.

Il y a des passages émouvants, comme le moment où son fils la rejette. Dans la vraie vie, Emma n'a pas pu avoir d'enfants à cause d'un cancer des ovaires. La scène du suicide au gaz, heureusement inachevé, me fait dire que j'aurais préféré qu'Emma, au lieu de me faire pleurer, me donne des idées coquines. La vie est déjà assez triste comme cela.

De retour du psy, j'ai remis le film « Il ritorno ». Emma est présente dans chaque scène. Je l'apprécie mieux à la deuxième vision. Il est rare que je regarde deux fois de suite le même film.

Emma ferait vraiment preuve d'ouverture d'esprit si elle tournait le rôle d'une femme passionnée (je veux dire loin de ses idées féministes), mais déjà, dans une comédie (ce qu'elle a partiellement fait avec son rôle d'Anna dans « Nos plus belles années » en 2020), elle élargirait son répertoire. Souhaitant qu'elle reste avant tout une chanteuse et nous régale encore de nombreux albums, je ne l'encouragerais donc pas à continuer.

Ce soir, je revois le film « Sex Attraction » de Jim Wynorski avec Kari Wuhrer.

Après ce charmant film très sexy, c'est une soirée spéciale Emma avec tout d'abord le concert du 19 février 2021 à Radio Italia Live.

J'écoute Emma chanter mais j'apprécie que sa jupe ne soit pas trop longue et monte bien au-dessus du genou.

J'ai enchaîné avec un autre concert du 8 février 2021.

Et j'ai revu certaines scènes du film « Il ritorno ».

30 juin

Six mois ont passé depuis le début de ce *journal*. L'été s'annonce sans histoires pour moi. Pour l'instant, la canicule, qui me préoccupait tant à la suite de sa sévérité l'an dernier, n'est pas apparue.

L'installation faite par Monsieur C. oblige à laisser une fenêtre en permanence ouverte, ce qui un matin comme aujourd'hui où il pleut n'est pas idéal. J'ai fini par tout enlever, il fait trop froid.

J'arrive aujourd'hui à avoir une certaine sérénité.

Je commence la journée par l'écoute du 33 tours de Sacha Distel « Chansons pour toi ». Le son est parfait, pas de grésillements. Il s'agit d'un disque que j'ai dû racheter car à la différence des autres de Sacha, mon exemplaire avait souffert.

Il fait gris dehors mais je m'en fiche. Je suis heureux chez moi. J'ai tout ce qu'il faut pour ne pas m'ennuyer.

Il ne faut pas demander plus à l'existence que ce qu'elle peut raisonnablement nous offrir.

J'ai regardé le 18e épisode de « Mongeville », « Le port de l'angoisse ».

Puis, j'ai écouté des 33 tours de Sacha Distel, dont j'étais privé depuis des années, ne venant que lundi de racheter une platine. C'est un bonheur, puisque tous ces albums n'ont jamais été réédités en CD. J'ai l'impression de remonter le temps, et encore, à l'époque, je n'avais pas une platine aussi bonne. Je n'ai pas que cela à écouter, j'ai beaucoup de vinyles de Peppino di Capri et d'autres.

J'ai l'impression d'être gosse émerveillé devant le sapin de Noël, qui a découvert le plus beau des cadeaux. Il y a longtemps que je ne me suis pas fait un tel plaisir. Franchement, cette dépense de 161 euros en valait la peine. Une platine automatique pour écouter à satiété des 33 tours, j'aurais bien eu tort de m'en priver.

Les violences continuent dans tout le pays. Dans sept mois, quand paraîtra le tome 2 de ce *journal*, ce sera, je l'espère, du passé.

J'ai revu ce soir le Blu-Ray de « Morts suspectes », déjà regardé le 30 avril. J'ai compté l'avoir vu (en VHS, DVD et maintenant Blu-Ray) 21 fois depuis 1998. C'est mon film préféré de tous les temps.

Je termine la soirée, et cette première partie du *journal* 2023 en indiquant que j'ai vu deux concerts d'Emma, le « RAI Radio 2 » de 2018 dont je n'ai pas la date, et celui intitulé « Radio Italia Live » du 15 mars 2018.

© 2023 PATRICK SANSANO
Édition : BoD - Books on Demand, info@bod.fr
Impression : BoD - Books on Demand, In de Tarpen 42,
Norderstedt (Allemagne)
Impression à la demande
ISBN : 978-2-3224-8258-0
Dépôt légal : juillet 2023